À la jeunesse

De Saint-Exupéry à Steve Jobs, de grandes voix appellent à vivre intensément

Anthologie présentée par François-Xavier Bellamy

Librio

Inédit

Sommaire

Préface

François-Xavier Bellamy

« J'ai compris que la jeunesse est bénie
– qu'elle est un risque à courir –
mais ce risque même est béni. »
Georges Bernanos

Que signifie être jeune ? Que signifie qu'il y ait des jeunes, et qu'à chaque époque la jeunesse apporte son lot de tumulte et de dérangement ? Rien n'est plus pénible, c'est vrai, que les propos qui prétendent enfermer « la jeunesse » dans une uniformité illusoire ; il y a des jeunes, qui sont aussi différents entre eux que les hommes peuvent l'être. Et pourtant... Et pourtant la jeunesse est bien un moment singulier, une expérience partagée, qu'il faudrait tenter de décrire. Que signifie être jeune ?

Tentons de l'exprimer de la façon la plus concrète possible. Et pour commencer, en prenant à contre-pied le mot célèbre de MacArthur, nous pouvons dire très simplement : la jeunesse est une étape de la vie, pas seulement un état d'esprit. Elle est un temps de l'existence, celui qui suit l'état d'enfance et qui précède la vie d'adulte. Elle est donc un intermédiaire, un passage dans nos existences ; et ce passage est une rencontre, féconde et souvent difficile, entre deux êtres qui sont nous-même, et qui pourtant s'excluent, ou se combattent.

Toute vie en effet est marquée par une succession. La plante, écrit Hegel, c'est d'abord la graine ; puis la tige, puis la feuille ; puis le bourgeon et la fleur. Qui est donc vraiment la plante ? Est-elle la graine, la tige, la fleur – ou le fruit qu'elle laisse quand elle meurt ? Chacune de ces étapes successives semble dénoncer la précédente comme si elle était la seule, la vraie, la dernière et définitive identité de la plante. La racine détruit la graine, l'éclosion de la fleur suppose de faire disparaître le bouton qui la protégeait d'abord. La vie est toujours combat, et combat contre soi-même. La seule identité de la plante, écrit Hegel, c'est le mouvement par lequel elle ne cesse de changer ; c'est l'élan qui l'augmente de chacune de ces mutations, par lesquelles elle meurt à elle-même en se dépassant sans cesse.

Il en va de même pour nous. Notre existence a ses étapes – et une société qui l'oublie nous conduit à les brûler. C'est pour nous rappeler sans cesse ce qui dans nos vies tient à cette succession que toutes les civilisations, sous des formes infiniment variées, ont élaboré des rites de passage, qui marquent les grandes ruptures de l'existence. Car voilà le mystère de l'action du temps sur nous, comme sur tout ce qui vit : la succession répétitive des heures, des jours, des années toujours identiques, finit par constituer des transformations singulières. Regardez bien la plante, vous ne la verrez pas changer ; le temps s'écoule sur elle sans rien paraître affecter. Et pourtant, de la graine dormant à l'hiver, naît au printemps la feuille puis le bourgeon ; et à l'été, la voilà fleur. L'écoulement devient basculement. Le passage des degrés devient changement de nature. Et ainsi, l'enfant que nous étions devient un jour adulte.

Entre ces deux états de nos vies, qui se combattent et semblent s'exclure, la jeunesse s'interpose, comme un rare moment de rencontre.

L'enfant vient au monde, tout entier en devenir, avec un regard neuf, naïf, dénué de tout savoir installé, de toute opinion préconçue. Il regarde le monde à l'œil nu, mais ne peut pas dire ce qu'il voit. Nous ne pouvons pas en parler avec lui, puisqu'il n'a pas les mots pour le décrire... L'enfant que nous avons été a vu le spectacle inouï d'un univers totalement neuf ; mais ce spectacle, nous ne pouvions en avoir une claire conscience, puisque c'est dans les mots seulement que le réel se fixe en nous sous la forme d'une pensée, et bientôt d'un souvenir. Aucun adulte ne se souvient du premier regard muet qu'il a un jour posé sur le monde... À l'inverse en effet, pour l'adulte, rien n'est jamais complètement nouveau. Lorsque le temps a passé, lorsqu'il s'est accumulé dans notre esprit sous la forme d'une mémoire de plus en plus riche, tout ce que nous vivons peut être rapporté à du déjà-vu, ou à du déjà connu. L'expérience accumulée, c'est le cours des choses qui se dépose en nous peu à peu. Et peu à peu, face à la nouveauté qui se présente, le premier réflexe de notre intelligence devient un effort pour reconnaître, derrière tout ce qui semble inédit, la ressemblance avec une réalité déjà identifiée. Ramener l'inconnu au connu, le singulier au commun ; s'habituer à l'incroyable, devenir familier de l'étrange ; ne plus rien voir, même dans l'évident mystère, qui ne soit ordinaire et banal : voilà sans doute ce à quoi pourrait nous conduire la maturité qui vient de l'expérience répétée des choses. Tout était nouveau pour l'enfant que nous avons un jour été ; avec le recul que donne l'âge adulte, tout finit par sembler normal.

C'est donc entre ces deux états que s'interpose ce passage si singulier que nous appelons la jeunesse. Et cette jeunesse signifie d'abord une rencontre entre ces deux moments de notre être qui sont sur le point de se succéder : chaque jeune advient au monde avec le regard encore neuf de l'enfant qu'il n'est plus, et la raison déjà formée, la conscience claire, la parole libre de l'adulte qu'il n'est pas encore. C'est là toute la difficulté de ce passage ; on ne le dit pas assez en effet, il est difficile d'être jeune. Extraordinaire, sans doute, mais aussi extraordinairement complexe... Car si les moments différents dont notre histoire est faite se succèdent l'un à l'autre, c'est bien, on l'a dit, dans une forme de conflit qu'ils se rencontrent, et qu'ils se révoquent. L'adulte et l'enfant se combattent en nous ; et c'est peut-être ce combat intérieur qu'on appelle, singulièrement, la jeunesse. Lorsque s'effacent les parents, les aînés qui avaient jusque-là constitué pour nous un monde protecteur, lorsqu'il faut faire sa première expérience sans filtre et sans intermédiaire, la rencontre avec le grand monde est toujours à la fois exaltante et brutale. Le réel, tôt ou tard, blesse le regard encore neuf de l'enfance. Et le conflit, en nous, de la naïveté et de l'expérience, de l'enfant et de l'adulte, c'est ce conflit qui fait la révolte de la jeunesse – qui fonde la jeunesse comme révolte.

Car pour un regard encore neuf, il est évident que le monde ne tourne pas rond, que rien n'est normal ni banal, que l'ordre habituel des choses recouvre le grand désordre de l'injustice qui, toujours et partout, hante l'expérience des hommes, avec son lot de souffrances. Qu'elle vienne de la nature, ou des autres, ou – pire encore – de moi-même, je suis bien obligé de constater que l'injustice est sans raison : elle est le scandale ultime, sous quelque forme qu'elle se présente. Cela, la jeunesse le sait. Ce à quoi l'âge adulte finit souvent par s'habituer, par accoutumance ou par fatalité, cela saute aux yeux encore jeunes. Comme on finit par ne plus voir les défauts, les étrangetés – ou la beauté singulière, d'ailleurs – de ce qui fait notre quotidien, il faut que de nouveaux venus les fassent réapparaître pour nous.

À la jeunesse revient donc, aujourd'hui comme toujours, la tâche difficile de redécouvrir le monde, et de le renouveler, ne serait-ce qu'en portant simplement sur lui un regard neuf – naïf peut-être, mais qu'importe ; un regard précieux par cela seul qu'il n'est pas encore habitué, pas encore résigné, pas encore blasé ; un regard neuf qui cependant dépasse le regard de l'enfant, par l'expérience qu'il rencontre et les mots qui le rendent conscient. Le temps fera son œuvre ensuite, qui naturellement, irrésistiblement, nous rendra moins sensibles à ce qui nous avait d'abord surpris. Il est parfois de bon ton, dans le monde des grandes personnes, de sourire avec une indulgence un peu condescendante des élans de sa propre jeunesse. Quelle erreur... Bien sûr, l'adolescence est excessive souvent, imprudente parfois, et si vulnérable dans la sincérité de l'idéalisme ; mais c'est là ce qu'elle peut apporter de meilleur à toute vie, et la flamme de ses révoltes, de ses aspirations, est celle qu'il faudrait, même dans la plus grande maturité, entretenir avec soin contre la lassitude des années. Rien n'est triste comme l'ironie désabusée de ceux qui ont oublié pourquoi ils avaient été jeunes. Et, chose plus terrible encore, rien ne serait plus triste qu'une jeunesse déjà désabusée, déjà habituée, déjà résignée – qu'une jeunesse qu'aucune injustice ne réussirait à émouvoir. En vérité, celui qui commence sa vie d'adulte sans avoir jamais été jeune, sans s'être jamais étonné, emporté, révolté – celui-là a beau s'agiter, il est comme mort de l'intérieur.

Il faut donc avoir été jeune, et s'en souvenir ; et, autant que possible, entretenir en soi cette conscience de la jeunesse. Non pas pour faire semblant de rester toujours jeune, comme la société contemporaine nous y incite ; non pas pour entretenir, par peur de vieillir, le rêve absurde, si pauvre et si commun, de l'éternelle jeunesse. Non, ce qu'il faudrait, c'est marcher toute notre vie aux côtés de ce jeune que nous étions, pour qu'il concilie en nous toutes les facettes de notre vie, pour qu'il nous aide à devenir adulte sans jamais vraiment cesser d'être enfant. Le désir de rester jeune ne peut se réduire à la vacuité d'une obsession physique, d'une préoccupation des apparences ; rester jeune ne peut être qu'un travail intérieur. Alors la jeunesse, période singulière de nos vies, peut rester source pour l'esprit : rester jeune, c'est lancer au temps qui passe en nous un défi spirituel, un défi à la résignation, à la lâcheté, un défi à toute facilité dans la réflexion et à toute médiocrité dans l'action.

Ainsi l'adulte a besoin des plus jeunes pour ressusciter en lui, malgré les pesanteurs que les années ne manquent pas de déposer en nous, la clarté de ce regard encore nouveau, capable de révolte et d'émerveillement. Toute société a besoin de la jeunesse, même – et surtout – quand cette jeunesse vient troubler les certitudes bien installées, ébranler les habitudes qui parfois deviennent des prisons, déranger les tranquillités qui finissent par empêcher toute vie. Comme nos existences personnelles sont faites de cette succession, c'est toute la société qui trouve son équilibre dans la rencontre, difficile souvent, heurtée parfois, entre les générations. C'est par l'irruption continuelle d'une jeunesse toujours nouvelle dans le monde ordonné des adultes, que les communautés humaines sont empêchées de se fossiliser, de s'enliser, de se figer par habitude dans les structures mêmes qui les soutiennent.

En retour, et mystérieusement, cette liberté que cherche la jeunesse, elle doit la recevoir de ses aînés… C'est aux générations qui l'ont précédée qu'elle doit en effet la culture, ce patient travail des hommes dont nous héritons pour apprivoiser, avec eux, le monde où nous nous trouvons placés. En particulier, c'est à ses aînés que la jeunesse doit les mots qui lui serviront à nommer le réel qu'elle découvre, et par lesquels elle exprimera ainsi le regard nouveau qu'elle porte sur lui. Tout le mystère de l'existence humaine se trouve là : l'idée la plus inédite, l'intuition la plus personnelle, la liberté la plus affirmée, ne sont possibles que par le langage des autres, le langage de ceux qui nous précèdent. C'est l'altérité – et même l'autorité – de nos aînés, qui seule peut faire venir jusqu'à nous la substance d'une pensée vraiment neuve. C'est du monde des adultes que la jeunesse reçoit toute la liberté par laquelle elle le bousculera, le dérangera, le réveillera. Des mots hérités du passé, chaque génération fait un usage imprévisible, et elle trouve ainsi en eux l'expression de la nouveauté qu'elle peut apporter à l'histoire, et au langage lui-même.

Il serait donc dans l'erreur, le plus jeune qui, pour affirmer sa liberté, voudrait refuser d'entendre la parole de ses aînés ; tout comme est dans l'erreur l'adulte qui, voulant laisser à la jeunesse son indépendance, s'interdirait de lui parler, de lui transmettre, de lui confier la culture, les repères, la sagesse dont elle a besoin pour grandir. L'indépendance n'a rien d'immédiat, l'autonomie n'est pas innée. Pour la jeunesse comme pour toute la vie, la liberté ne se présume pas : elle se reçoit, elle se conquiert. Et même quand elle nous conduira à critiquer l'héritage, c'est toujours en lui qu'elle trouve sa condition première.

Ainsi, la liberté des hommes, toute la liberté des hommes, a pour condition le dialogue des générations. Parce que la parole du plus jeune, dans son imprévisible nouveauté, peut déjouer les illusions périmées et les carcans inféconds ; mais que, pour que cette parole jaillisse, il faut encore que soient transmis les mots qui la rendront possibles, qui ne sauraient venir que du passé – même quand il s'en trouvera dépassé. Quelle qu'ait été notre jeunesse, c'est toujours du monde des adultes que chacun d'entre nous a reçu un jour de quoi découvrir son propre destin dans le monde, et dans le temps ; de quoi nommer l'injustice, et dénoncer l'absurde ; de quoi reconnaître la beauté, et de quoi s'en émerveiller…

Rien n'est plus actuel, rien n'est plus nécessaire actuellement que de refonder ce dialogue qui, à travers l'histoire, nourrit toute liberté à venir. C'est le mérite de cet ouvrage qui, en quelques pages bien choisies, donnera à tous les jeunes l'occasion de rencontrer nos grands aînés. Personnalités d'hier ou d'aujourd'hui, du monde des arts, de la culture, de la politique ou de l'économie, ces auteurs d'horizons si variés nous parlent de la jeunesse, et surtout, ils parlent à la jeunesse. Et leurs paroles ont été choisies parce qu'elles dépassent de très loin les circonstances dans lesquelles elles ont été écrites : elles nous parlent encore aujourd'hui, comme, espérons-le, elles toucheront chacun des lecteurs qui les trouveront ici rassemblées – et chacun, sans doute, d'une manière singulière.

Ce recueil s'adresse aux jeunes, bien sûr ; mais il s'adresse aussi au jeune qui demeure en chacun d'entre nous. Quelle que soit l'étape de l'existence où nous serons parvenus, c'est pour le jeune que nous avons été, qui a fait de nous ce que nous sommes et qui chemine encore avec nous, que ces lignes sont écrites. Elles sont rassemblées ici, dans l'espérance qu'elles réveillent en chaque lecteur la soif de liberté, l'esprit d'enthousiasme, le refus de l'injustice, l'aspiration à l'absolu qui font la vitalité et la fécondité de la jeunesse. « Il y a quelque chose de pire, écrivait Charles Péguy, que d'avoir une mauvaise âme [...] ; c'est d'avoir une âme habituée. » Ce recueil voudrait, en faisant venir jusqu'à nous des textes parfois anciens, nourrir la possibilité de cette nouveauté que chaque jeune aspire à faire naître. S'il permet cette lutte contre ce qu'il y a en nous d'habitué, ce petit ouvrage aura atteint son but ; et il pourra servir en chaque lecteur, quel que soit son âge, à la révolte, à l'émerveillement, à la création, à l'aventure – à la jeunesse...

« Jouez le jeu »

Félix Éboué

Discours prononcé à la distribution des prix du lycée Carnot, à Pointe-à-Pitre, le 1er juillet 1937.

À cette jeunesse que l'on sent inquiète, si incertaine devant les misères de ces temps qui sont les misères de tous les temps ; à cette jeunesse, devant les soucis matériels à conjuguer ; à cette jeunesse dont on veut de part et d'autre, exploiter les inquiétudes pour l'embrigader ; à cette jeunesse qui me fait penser à ce mot de GUYAU : « Pour connaître et juger la vie il n'est pas besoin d'avoir beaucoup vécu, il suffit d'avoir beaucoup souffert » ; à cette jeunesse, généreuse et spontanée, n'ai-je pas le devoir, me tournant vers elle, de l'adjurer à mon tour de rester indépendante ?

N'ai-je pas pour obligation de lui dire : « Ne te laisse pas embrigader, ne souffre pas que l'on t'enseigne comme suprême idéal le fait de marcher au pas, en colonnes parfaites, de tendre la main ou de montrer le poing. En l'acceptant, tu consacreras le triomphe de la lettre au détriment de l'esprit, parce qu'on t'aura enseigné que le rite tient lieu de culte. »

Ne devons-nous pas conserver à cette jeunesse ses qualités essentielles : l'indépendance, la fierté, l'orgueil, la spontanéité, le désintéressement ?

Je ne résiste pas, quant à moi, au désir de vous indiquer, mes jeunes amis, une autre formule qui permet de gagner, sinon à tous les coups, mais de gagner sûrement en définitive.

Je vous dirai : « Jouez le jeu ! »

Jouer le jeu, c'est être désintéressé.

Jouer le jeu, c'est réaliser ce sentiment de l'indépendance dont je vous parlais il y a un instant.

Jouer le jeu, c'est piétiner les préjugés, tous les préjugés, et apprendre à baser l'échelle des valeurs uniquement sur les critères de l'esprit. Et c'est se juger, soi et les autres, d'après cette gamme de valeurs. Par ainsi, il vous sera permis d'affirmer et de faire admettre que les pauvres humains perdent leur temps à ne vouloir considérer que les nuances qui les différencient, pour ne pas réfléchir à trois choses précieuses qui les réunissent : les larmes que le proverbe africain appelle « les ruisseaux sans cailloux ni sable », le sang qui maintient la vie et, enfin, l'intelligence qui classe ces humains en hommes, en ceux qui ne le sont pas ou qui ne le sont guère ou qui ont oublié qu'ils le sont.

Jouer le jeu, c'est garder farouchement cette indépendance, parure de l'existence ; ne pas se laisser séduire par l'appel des sirènes qui invitent à l'embrigadement, et répondre, en pensant aux sacrifices qu'elles exigeraient en retour :

« Quelle mère je quitterais ! Et pour quel père ! »

Jouer le jeu, c'est savoir prendre ses responsabilités et assumer les initiatives, quand les circonstances veulent que l'on soit seul à les endosser ; c'est pratiquer le jeu d'équipe avec d'autant plus de ferveur que la notion de l'indépendance vous aura appris à rester libres quand même.

Jouer le jeu consiste à ne pas prendre le ciel et la terre à témoin de ses déconvenues, mais, au contraire, à se rappeler les conseils laminaires d'Épictète à son disciple : « Il y a des choses qui dépendent de nous ; il y a des choses qui ne dépendent pas de nous. »

Jouer le jeu, c'est savoir tirer son chapeau devant les authentiques valeurs qui s'imposent par la qualité de l'esprit et faire un pied de nez aux pédants et aux attardés.

Jouer le jeu, c'est accepter la décision de l'arbitre que vous avez choisi ou que le libre jeu des institutions vous a imposé.

Jouer le jeu, c'est, par la répudiation totale des préjugés, se libérer de ce qu'une expression moderne appelle le complexe d'infériorité. C'est aimer les hommes, tous les hommes, et se dire qu'ils sont tous bâtis selon la commune mesure humaine qui est faite de qualités et de défauts.

Jouer le jeu, c'est mépriser les intrigues et les cabales, ne jamais abdiquer malgré les clameurs ou les murmures et poursuivre la route droite que l'on s'est tracée.

Jouer le jeu, c'est pouvoir faire la discrimination entre le sourire et la grimace ; c'est s'astreindre à être vrai envers soi pour l'être envers les autres.

Jouer le jeu, c'est respecter l'opinion d'autrui, c'est l'examiner avec objectivité et la combattre seulement si on trouve en soi les raisons de ne pas l'admettre, mais alors le faire courageusement et au grand jour.

Jouer le jeu, c'est respecter nos valeurs nationales, les aimer, les servir avec passion, avec intelligence, vivre et mourir pour elles, tout en admettant qu'au-delà de nos frontières, d'authentiques valeurs sont également dignes de notre estime, de notre respect. C'est se pénétrer de cette vérité profonde que l'on peut lire au cinquantième verset des *Vers d'or* : « Tu sauras, autant qu'il est donné à l'homme, que la nature est partout la même. » Et comprendre alors que tous les hommes sont frères et relèvent de notre amour et de notre pitié.

Jouer le jeu, dès lors, c'est s'élever contre le conseil nietzschéen du diamant au charbon : « Sois dur ! » et affirmer qu'au-dessus d'une doctrine de la force, il y a une philosophie du droit.

Jouer le jeu, c'est proclamer qu'on ne « prend pas pour juge un peuple téméraire » et poursuivre son labeur sur le chemin du juste et de l'humain, même lorsque les docteurs et les pontifes vous disent qu'il est trop humain.

Jouer le jeu, c'est fuir avec horreur l'unanimité des adhésions dans la poursuite de son labeur. C'est comprendre Descartes et admettre saint Thomas ; c'est dire : « Que sais-je ? » avec Montaigne, et « Peut-être ! » avec Rabelais. C'est trouver autant d'agrément à l'audition d'un chant populaire qu'aux savantes compositions musicales. C'est s'élever si haut que l'on se trouve partout à son aise, dans les somptueux palais comme dans la modeste chaumière de l'homme du peuple ; c'est ne pas voir un excès d'honneur quand on est admis là, et ne pas se sentir gêné quand on est accueilli ici. [...]

Jouer le jeu, enfin, c'est mériter votre libération et signifier la sainteté, la pureté de votre esprit.

« *Que dire à un jeune de 20 ans ?* »

Hélie DE SAINT MARC

Ancien résistant et officier de l'armée active, Hélie de Saint Marc a participé à la guerre d'Indochine puis à la guerre d'Algérie lors de laquelle il a pris part au putsch des généraux. Ce texte est aussi intitulé « Lettre à la jeunesse ».

Quand on a connu tout et le contraire de tout,
quand on a beaucoup vécu et qu'on est au soir de sa vie,
on est tenté de ne rien lui dire,
sachant qu'à chaque génération suffit sa peine,
sachant aussi que la recherche, le doute, les remises en cause
font partie de la noblesse de l'existence.

Pourtant, je ne veux pas me dérober,
et à ce jeune interlocuteur, je répondrai ceci,
en me souvenant de ce qu'écrivait un auteur contemporain :

« Il ne faut pas s'installer dans sa vérité
et vouloir l'asséner comme une certitude,
mais savoir l'offrir en tremblant comme un mystère. »

À mon jeune interlocuteur,
je dirai donc que nous vivons une période difficile
où les bases de ce qu'on appelait la Morale
et qu'on appelle aujourd'hui l'Éthique,
sont remises constamment en cause,
en particulier dans les domaines du don de la vie,
de la manipulation de la vie,
de l'interruption de la vie.

Dans ces domaines,
de terribles questions nous attendent dans les décennies à venir.
Oui, nous vivons une période difficile
où l'individualisme systématique,

le profit à n'importe quel prix,
le matérialisme,
l'emportent sur les forces de l'esprit.

Oui, nous vivons une période difficile
où il est toujours question de droit et jamais de devoir
et où la responsabilité qui est l'once de tout destin,
tend à être occultée.

Mais je dirai à mon jeune interlocuteur que malgré tout cela,
il faut croire à la grandeur de l'aventure humaine.
Il faut savoir,
jusqu'au dernier jour,
jusqu'à la dernière heure,
rouler son propre rocher.
La vie est un combat
le métier d'homme est un rude métier.
Ceux qui vivent sont ceux qui se battent.

Il faut savoir
que rien n'est sûr,
que rien n'est facile,
que rien n'est donné,
que rien n'est gratuit.

Tout se conquiert, tout se mérite.
Si rien n'est sacrifié, rien n'est obtenu.

Je dirai à mon jeune interlocuteur
que pour ma très modeste part,
je crois que la vie est un don de Dieu
et qu'il faut savoir découvrir au-delà de ce qui apparaît
comme l'absurdité du monde,
une signification à notre existence.

Je lui dirai
qu'il faut savoir trouver à travers les difficultés et les épreuves,
cette générosité,
cette noblesse,

cette miraculeuse et mystérieuse beauté éparse à travers le monde,
qu'il faut savoir découvrir ces étoiles,
qui nous guident où nous sommes plongés
au plus profond de la nuit
et le tremblement sacré des choses invisibles.

Je lui dirai
que tout homme est une exception,
qu'il a sa propre dignité
et qu'il faut savoir respecter cette dignité.

Je lui dirai
qu'envers et contre tous
il faut croire à son pays et en son avenir.

Enfin, je lui dirai
que de toutes les vertus,
la plus importante, parce qu'elle est la motrice de toutes les autres
et qu'elle est nécessaire à l'exercice des autres,
de toutes les vertus,
la plus importante me paraît être le courage, les courages,
et surtout celui dont on ne parle pas
et qui consiste à être fidèle à ses rêves de jeunesse.

Et pratiquer ce courage, ces courages,
c'est peut-être cela

« L'Honneur de Vivre ».

Ce que je crois,

« Vous avez le droit d'être exigeants »

Jean Jaurès

« Discours à la jeunesse » *prononcé au lycée d'Albi, le 31 juillet 1903.*

C'est une grande joie pour moi de me retrouver en ce lycée d'Albi et d'y reprendre un instant la parole. Grande joie nuancée d'un peu de mélancolie ; car lorsqu'on revient à de longs intervalles, on mesure soudain ce que l'insensible fuite des jours a ôté de nous pour le donner au passé. Le temps nous avait dérobés à nous-mêmes, parcelle à parcelle, et tout à coup c'est un gros bloc de notre vie que nous voyons loin de nous. La longue fourmilière des minutes emportant chacune un grain chemine silencieusement, et un beau soir le grenier est vide.

Mais qu'importe que le temps nous retire notre force peu à peu, s'il l'utilise obscurément pour des œuvres vastes en qui survit quelque chose de nous ? Il y a vingt-deux ans, c'est moi qui prononçais ici le discours d'usage. Je me souviens (et peut-être quelqu'un de mes collègues d'alors s'en souvient-il aussi) que j'avais choisi comme thème : les Jugements humains. Je demandais à ceux qui m'écoutaient de juger les hommes avec bienveillance, c'est-à-dire avec équité, d'être attentifs dans les consciences les plus médiocres et les existences les plus dénuées, aux traits de lumière, aux fugitives étincelles de beauté morale par où se révèle la vocation de grandeur de la nature humaine. Je les priais d'interpréter avec indulgence le tâtonnant effort de l'humanité incertaine.

Peut-être dans les années de lutte qui ont suivi, ai-je manqué plus d'une fois envers des adversaires à ces conseils de généreuse équité. Ce qui me rassure un peu, c'est que j'imagine qu'on a dû y manquer aussi parfois à mon égard, et cela rétablit l'équilibre. Ce qui reste vrai, à travers toutes nos misères, à travers toutes les injustices commises ou subies, c'est qu'il faut faire un large crédit à la nature humaine ; c'est qu'on se condamne soi-même à ne pas comprendre l'humanité, si on n'a pas le sens de sa grandeur et le pressentiment de ses destinées incomparables.

Cette confiance n'est ni sotte, ni aveugle, ni frivole. Elle n'ignore pas les vices, les crimes, les erreurs, les préjugés, les égoïsmes de tout ordre, égoïsme des individus, égoïsme des castes, égoïsme des partis, égoïsme des classes, qui appesantissent la marche de l'homme, et absorbent souvent le cours du fleuve en un tourbillon trouble et sanglant. Elle sait que les forces bonnes, les forces de sagesse, de lumière, de justice, ne peuvent se passer du secours du temps, et que la nuit de la servitude et de l'ignorance n'est pas dissipée par une illumination soudaine et totale, mais atténuée seulement par une lente série d'aurores incertaines.

Oui, les hommes qui ont confiance en l'homme savent cela. Ils sont résignés d'avance à ne voir qu'une réalisation incomplète de leur vaste idéal, qui lui-même sera dépassé ; ou plutôt ils se félicitent que toutes les possibilités humaines ne se manifestent point dans les limites étroites de leur vie. Ils sont pleins d'une sympathie déférente et douloureuse pour ceux qui ayant été brutalisés par l'expérience immédiate ont conçu des pensées amères, pour ceux dont la vie a coïncidé avec des époques de servitude, d'abaissement et de réaction, et qui, sous le noir nuage immobile, ont pu croire que le jour ne se lèverait plus. Mais eux-mêmes se gardent bien d'inscrire définitivement au passif de l'humanité qui dure les mécomptes des générations qui passent. Et ils affirment, avec une certitude qui ne fléchit pas, qu'il vaut la peine de penser et d'agir, que l'effort humain vers la clarté et le droit n'est jamais perdu. L'histoire enseigne aux hommes la difficulté des grandes tâches et la lenteur des accomplissements, mais elle justifie l'invincible espoir.

Dans notre France moderne, qu'est-ce donc que la République ? C'est un grand acte de confiance. Instituer la République, c'est proclamer que des millions d'hommes sauront tracer eux-mêmes la règle commune de leur action ; qu'ils sauront concilier la liberté et la loi, le mouvement et l'ordre ; qu'ils sauront se combattre sans se déchirer ; que leurs divisions n'iront pas jusqu'à une fureur chronique de guerre civile, et qu'ils ne chercheront jamais dans une dictature même passagère une trêve funeste et un lâche repos. Instituer la République, c'est proclamer que les citoyens des grandes nations modernes, obligés de suffire par un travail constant aux nécessités de la vie privée et domestique, auront cependant assez de temps et de liberté d'esprit pour s'occuper de la chose commune. Et si cette République surgit dans un monde monarchique encore, c'est assurer qu'elle s'adaptera aux conditions compliquées de la vie internationale sans entreprendre sur l'évolution plus lente des autres peuples, mais sans rien abandonner de sa fierté juste et sans atténuer l'éclat de son principe.

Oui, la République est un grand acte de confiance et un grand acte d'audace. L'invention en était si audacieuse, si paradoxale, que même les hommes hardis qui, il y a cent dix ans, ont révolutionné le monde, en écartèrent d'abord l'idée. Les Constituants de 1789 et de 1791, même les Législateurs de 1792 croyaient que la monarchie traditionnelle était l'enveloppe nécessaire de la société nouvelle. Ils ne renoncèrent à cet abri que sous les coups répétés de la trahison royale. Et quand enfin ils eurent déraciné la royauté, la République leur apparut moins comme un système prédestiné que comme le seul moyen de combler le vide laissé par la monarchie. Bientôt cependant, et après quelques heures d'étonnement et presque d'inquiétude, ils l'adoptèrent de toute leur pensée et de tout leur cœur. Ils résumèrent, ils confondirent en elle toute la Révolution. Et ils ne cherchèrent point à se donner le change. Ils ne cherchèrent point à se rassurer par l'exemple des républiques antiques ou des républiques helvétiques et italiennes. Ils virent bien qu'ils créaient une œuvre nouvelle, audacieuse et sans précédent. Ce n'était point l'oligarchique liberté des républiques de la Grèce, morcelées, minuscules et appuyées sur le travail servile. Ce n'était point le privilège superbe de servir la république romaine, haute citadelle d'où une aristocratie conquérante dominait le monde, communiquant avec lui par une hiérarchie de droits incomplets et décroissants qui descendait jusqu'au néant du droit, par un escalier aux marches toujours plus dégradées et plus sombres, qui se perdait enfin dans l'abjection de l'esclavage, limite obscure de la vie touchant à la nuit souterraine. Ce n'était pas le patriciat marchand de Venise et de Gênes. Non, c'était la République d'un grand peuple où il n'y avait que des citoyens et où tous les citoyens étaient égaux. C'était la République de la démocratie et du suffrage universel. C'était une nouveauté magnifique et émouvante.

Les hommes de la Révolution en avaient conscience. Et lorsque dans la fête du 10 août 1793, ils célébrèrent cette Constitution, qui pour la première fois depuis l'origine de l'histoire organisait dans la souveraineté nationale la souveraineté de tous, lorsque artisans et ouvriers, forgerons, menuisiers, travailleurs des champs défilèrent dans le cortège, mêlés aux magistrats du peuple et ayant pour enseignes leurs outils, le président de la Convention put dire que c'était un jour qui ne ressemblait à aucun autre jour, le plus beau jour depuis que le soleil était suspendu dans l'immensité de l'espace ! Toutes les volontés se haussaient, pour être à la mesure de cette nouveauté héroïque. C'est pour elle que ces hommes combattirent et moururent. C'est en son nom qu'ils refoulèrent les rois de l'Europe. C'est en son nom qu'ils se décimèrent. Et ils concentrèrent en elle une vie si ardente et si terrible, ils produisirent par elle tant d'actes et tant de pensées, qu'on put croire que cette République toute neuve, sans modèles comme sans traditions, avait acquis en quelques années la force et la substance des siècles.

Et pourtant que de vicissitudes et d'épreuves avant que cette République que les hommes de la Révolution avaient crue impérissable soit fondée enfin sur notre sol ! Non seulement après quelques années d'orage elle est vaincue, mais il semble qu'elle s'efface à jamais de l'histoire et de la mémoire même des hommes. Elle est bafouée, outragée ; plus que cela, elle est oubliée. Pendant un demi-siècle, sauf quelques cœurs profonds qui gardaient le souvenir et l'espérance, les hommes la renient ou même l'ignorent. Les tenants de l'Ancien Régime ne parlent d'elle que pour en faire honte à la Révolution : « Voilà où a conduit le délire révolutionnaire ! » Et parmi ceux qui font profession de défendre le monde moderne, de continuer la tradition de la Révolution, la plupart désavouent la République et la démocratie. On dirait qu'ils ne se souviennent même plus. Guizot s'écrie : « Le suffrage universel n'aura jamais son jour. » Comme s'il n'avait pas eu déjà ses grands jours d'histoire, comme si la Convention n'était pas sortie de lui. Thiers, quand il raconte la Révolution du 10 août, néglige de dire qu'elle proclama le suffrage universel, comme si c'était là un accident sans importance et une bizarrerie d'un jour. République, suffrage universel, démocratie, ce fut, à en croire les sages, le songe fiévreux des hommes de la Révolution. Leur œuvre est restée, mais leur fièvre est éteinte et le monde moderne qu'ils ont fondé, s'il est tenu de continuer leur œuvre, n'est pas tenu de continuer leur délire. Et la brusque résurrection de la République, reparaissant en 1848 pour s'évanouir en 1851, semblait en effet la brève rechute dans un cauchemar bientôt dissipé.

Et voici maintenant que cette République qui dépassait de si haut l'expérience séculaire des hommes et le niveau commun de la pensée que, quand elle tomba, ses ruines mêmes périrent et son souvenir s'effrita, voici que cette République de démocratie, de suffrage universel et d'universelle dignité humaine, qui n'avait pas eu de modèle et qui semblait destinée à n'avoir pas de lendemain, est devenue la loi durable de la nation, la forme définitive de la vie française, le type vers lequel évoluent lentement toutes les démocraties du monde.

Or, et c'est là surtout ce que je signale à vos esprits, l'audace même de la tentative a contribué au succès. L'idée d'un grand peuple se gouvernant lui-même était si noble qu'aux heures de difficulté et de crise elle s'offrait à la conscience de la nation. Une première fois en 1793 le peuple de France avait gravi cette cime, et il y avait goûté un si haut orgueil, que toujours sous l'apparent oubli et l'apparente indifférence, le besoin subsistait de retrouver cette émotion extraordinaire. Ce qui faisait la force invincible de la République, c'est qu'elle n'apparaissait pas seulement de période en période, dans le désastre ou le désarroi des autres régimes, comme l'expédient nécessaire et la solution forcée. Elle était une consolation et une fierté. Elle seule avait assez de noblesse morale pour donner à la nation la force d'oublier les mécomptes et de dominer les désastres. C'est pourquoi elle devait avoir le dernier mot. Nombreux sont les glissements et nombreuses les chutes sur les escarpements qui mènent aux cimes ; mais les sommets ont une force attirante. La république a vaincu parce qu'elle est dans la direction des hauteurs, et que l'homme ne peut s'élever sans monter vers elle. La loi de la pesanteur n'agit pas souverainement sur les sociétés humaines, et ce n'est pas dans les lieux bas qu'elles trouvent leur équilibre. Ceux qui, depuis un siècle, ont mis très haut leur idéal ont été justifiés par l'histoire.

Et ceux-là aussi seront justifiés, qui le placent plus haut encore. Car le prolétariat dans son ensemble commence à affirmer que ce n'est pas seulement dans les relations politiques des hommes, c'est aussi dans leurs relations économiques et sociales qu'il faut faire entrer la liberté vraie, l'égalité, la justice. Ce n'est pas seulement la cité, c'est l'atelier, c'est le travail, c'est la production, c'est la propriété qu'il veut organiser selon le type républicain. À un système qui divise et qui opprime, il entend substituer une vaste coopération sociale où tous les travailleurs de tout ordre, travailleurs de la main et travailleurs du cerveau, sous la direction de chefs librement élus par eux, administreront la production enfin organisée.

Messieurs, je n'oublie pas que j'ai seul la parole et que ce privilège m'impose beaucoup de réserve. Je n'en abuserai point pour dresser dans cette fête une idée autour de laquelle se livrent et se livreront encore d'âpres combats. Mais comment m'était-il possible de parler devant cette jeunesse qui est l'avenir, sans laisser échapper ma pensée d'avenir ? Je vous aurais offensés par trop de prudence ; car quel que soit votre sentiment sur le fond des choses, vous êtes tous des esprits trop libres pour me faire grief d'avoir affirmé ici cette haute espérance socialiste, qui est la lumière de ma vie.

Je veux seulement dire deux choses, parce qu'elles touchent non au fond du problème, mais à la méthode de l'esprit et à la conduite de la pensée. D'abord, envers une idée audacieuse qui doit ébranler tant d'intérêts et tant d'habitudes et qui prétend renouveler le fond même de la vie, vous avez le droit d'être exigeants. Vous avez le droit de lui demander de faire ses preuves, c'est-à-dire d'établir avec précision comment elle se rattache à toute l'évolution politique et sociale, et comment elle peut s'y insérer. Vous avez le droit de lui demander par quelle série de formes juridiques et économiques elle assurera le passage de l'ordre existant à l'ordre nouveau. Vous avez le droit d'exiger d'elle que les premières applications qui en peuvent être faites ajoutent à la vitalité économique et morale de la nation. Et il faut qu'elle prouve, en se montrant capable de défendre ce qu'il y a déjà de noble et de bon dans le patrimoine humain, qu'elle ne vient pas le gaspiller, mais l'agrandir. Elle aurait bien peu de foi en elle-même si elle n'acceptait pas ces conditions.

En revanche, vous, vous lui devez de l'étudier d'un esprit libre, qui ne se laisse troubler par aucun intérêt de classe. Vous lui devez de ne pas lui opposer ces railleries frivoles, ces affolements aveugles ou prémédités et ce parti pris de négation ironique ou brutale que si souvent, depuis un siècle même, les sages opposèrent à la République, maintenant acceptée de tous, au moins en sa forme. Et si vous êtes tentés de dire encore qu'il ne faut pas s'attarder à examiner ou à discuter des songes, regardez-en un de vos faubourgs ? Que de railleries, que de prophéties sinistres sur l'œuvre qui est là ! Que de lugubres pronostics opposés aux ouvriers qui prétendaient se diriger eux-mêmes, essayer dans une grande industrie la forme de la propriété collective et la vertu de la libre discipline ! L'œuvre a duré pourtant ; elle a grandi : elle permet d'entrevoir ce que peut donner la coopération collectiviste. Humble bourgeon à coup sûr, mais qui atteste le travail de la sève, la lente montée des idées nouvelles, la puissance de transformation de la vie. Rien n'est plus menteur que le vieil adage pessimiste et réactionnaire de l'Ecclésiaste désabusé : « Il n'y a rien de nouveau sous le soleil. » Le soleil lui-même a été jadis une nouveauté, et la terre fut une nouveauté, et l'homme fut une nouveauté. L'histoire humaine n'est qu'un effort incessant d'invention, et la perpétuelle évolution est une perpétuelle création.

C'est donc d'un esprit libre aussi, que vous accueillerez cette autre grande nouveauté qui s'annonce par des symptômes multipliés : la paix durable entre les nations, la paix définitive. Il ne s'agit point de déshonorer la guerre dans le passé. Elle a été une partie de la grande action humaine, et l'homme l'a ennoblie par la pensée et le courage, par l'héroïsme exalté, par le magnanime mépris de la mort. Elle a été sans doute et longtemps, dans le chaos de l'humanité désordonnée et saturée d'instincts brutaux, le seul moyen de résoudre les conflits ; elle a été aussi la dure force qui, en mettant aux prises les tribus, les peuples, les races, a mêlé les éléments humains et préparé les groupements vastes. Mais un jour vient, et tout nous signifie qu'il est proche, où l'humanité est assez organisée, assez maîtresse d'elle-même pour pouvoir résoudre par la raison, la négociation et le droit les conflits de ses groupements et de ses forces. Et la guerre, détestable et grande tant qu'elle était nécessaire, est atroce et scélérate quand elle commence à paraître inutile.

Je ne vous propose pas un rêve idyllique et vain. Trop longtemps les idées de paix et d'unité humaines n'ont été qu'une haute clarté illusoire qui éclairait ironiquement les tueries continuées. Vous souvenez-vous de l'admirable tableau que nous a laissé Virgile de la chute de Troie ? C'est la nuit : la cité surprise est envahie par le fer et le feu, par le meurtre, l'incendie et le désespoir. Le palais de Priam est forcé et les portes abattues laissent apparaître la longue suite des appartements et des galeries. De chambre en chambre, les torches et les glaives poursuivent les vaincus ; enfants, femmes, vieillards se réfugient en vain auprès de l'autel domestique que le laurier sacré ne protège pas contre la mort et contre l'outrage ; le sang coule à flots, et toutes les bouches crient de terreur, de douleur, d'insulte et de haine. Mais par-dessus la demeure bouleversée et hurlante, les cours intérieures, les toits effondrés laissent apercevoir le grand ciel serein et paisible, et toute la clameur humaine de violence et d'agonie monte vers les étoiles d'or : « *Ferit aurea sidera clamor.* »

De même, depuis vingt siècles et de période en période, toutes les fois qu'une étoile d'unité et de paix s'est levée sur les hommes, la terre déchirée et sombre a répondu par des clameurs de guerre.

C'était d'abord l'astre impérieux de Rome conquérante qui croyait avoir absorbé tous les conflits dans le rayonnement universel de sa force. L'empire s'effondre sous le choc des barbares, et un effroyable tumulte répond à la prétention superbe de la paix romaine. Puis ce fut l'étoile chrétienne qui enveloppa la terre d'une lueur de tendresse et d'une promesse de paix. Mais atténuée et douce aux horizons galiléens, elle se leva dominatrice et âpre sur l'Europe féodale. La prétention de la papauté à apaiser le monde sous sa loi et au nom de l'unité catholique ne fit qu'ajouter aux troubles et aux conflits de l'humanité misérable. Les convulsions et les meurtres des nations du Moyen Âge, les chocs sanglants des nations modernes, furent la dérisoire réplique à la grande promesse de paix chrétienne. La Révolution à son tour lève un haut signal de paix universelle par l'universelle liberté. Et voilà que de la lutte même de la Révolution contre les forces du vieux monde, se développent des guerres formidables.

Quoi donc ? La paix nous fuira-t-elle toujours ? Et la clameur des hommes, toujours forcenés et toujours déçus, continuera-t-elle à monter vers les étoiles d'or, des capitales modernes incendiées par les obus, comme de l'antique palais de Priam incendié par les torches ? Non ! non ! et malgré les conseils de prudence que nous donnent ces grandioses déceptions, j'ose dire, avec des millions d'hommes, que maintenant la grande paix humaine est possible, et si nous le voulons, elle est prochaine. Des forces neuves y travaillent : la démocratie, la science méthodique, l'universel prolétariat solidaire. La guerre devient plus difficile, parce qu'avec les gouvernements libres des démocraties modernes, elle devient à la fois le péril de tous par le service universel, le crime de tous par le suffrage universel. La guerre devient plus difficile, parce que la science enveloppe tous les peuples dans un réseau multiplié, dans un tissu plus serré tous les jours de relations, d'échanges, de conventions ; et si le premier effet des découvertes qui abolissent les distances est parfois d'aggraver les froissements, elles créent à la longue une solidarité, une familiarité humaine qui font de la guerre un attentat monstrueux et une sorte de suicide collectif.

Enfin, le commun idéal qui exalte et unit les prolétaires de tous les pays les rend plus réfractaires tous les jours à l'ivresse guerrière, aux haines et aux rivalités de nations et de races. Oui, comme l'histoire a donné le dernier mot à la République si souvent bafouée et piétinée, elle donnera le dernier mot à la paix, si souvent raillée par les hommes et les choses, si souvent piétinée par la fureur des événements et des passions. Je ne vous dis pas : c'est une certitude toute faite. Il n'y a pas de certitude toute faite en histoire. Je sais combien sont nombreux encore aux jointures des nations les points malades d'où peut naître soudain une passagère inflammation générale. Mais je sais aussi qu'il y a vers la paix des tendances si fortes, si profondes, si essentielles, qu'il dépend de vous, par une volonté consciente, délibérée, infatigable, de systématiser ces tendances et de réaliser enfin le paradoxe de la grande paix humaine, comme vos pères ont réalisé le paradoxe de la grande liberté républicaine. Œuvre difficile, mais non plus œuvre impossible. Apaisement des préjugés et des haines, alliances et fédérations toujours plus vastes, conventions internationales d'ordre économique et social, arbitrage international et désarmement simultané, union des hommes dans le travail et dans la lumière : ce sera, jeunes gens, le plus haut effort et la plus haute gloire de la génération qui se lève.

Non, je ne vous propose pas un rêve décevant, et ne vous propose pas non plus un rêve affaiblissant. Que nul de vous ne croie que dans la période encore difficile et incertaine qui précédera l'accord définitif des nations, nous voulons remettre au hasard de nos espérances la moindre parcelle de la sécurité, de la dignité, de la fierté de la France. Contre toute menace et toute humiliation, il faudrait la défendre : elle est deux fois sacrée pour nous, parce qu'elle est la France, et parce qu'elle est humaine.

Même l'accord des nations dans la paix définitive n'effacera pas les patries, qui garderont leur profonde originalité historique, leur fonction propre dans l'œuvre commune de l'humanité réconciliée. Et si nous ne voulons pas attendre, pour fermer le livre de la guerre, que la force ait redressé toutes les iniquités commises par la force, si nous ne concevons pas les réparations comme des revanches, nous savons bien que l'Europe, pénétrée enfin de la vertu de la démocratie et de l'esprit de paix, saura trouver les formules de conciliation qui libéreront tous les vaincus des servitudes et des douleurs qui s'attachent à la conquête. Mais d'abord, mais avant tout, il faut rompre le cercle de fatalité, le cercle de fer, le cercle de haine où les revendications même justes provoquent des représailles qui se flattent de l'être, où la guerre tourne après la guerre en un mouvement sans issue et sans fin, où le droit et la violence, sous la même livrée sanglante, ne se discernent presque plus l'un de l'autre, et où l'humanité déchirée pleure de la victoire de la justice presque autant que de sa défaite.

Surtout, qu'on ne nous accuse point d'abaisser et d'énerver les courages. L'humanité est maudite, si pour faire preuve de courage elle est condamnée à tuer éternellement. Le courage, aujourd'hui, ce n'est pas de maintenir sur le monde la sombre nuée de la Guerre, nuée terrible, mais dormante, dont on peut toujours se flatter qu'elle éclatera sur d'autres. Le courage, ce n'est pas de laisser aux mains de la force la solution des conflits que la raison peut résoudre ; car le courage est l'exaltation de l'homme, et ceci en est l'abdication. Le courage pour vous tous, courage de toutes les heures, c'est de supporter sans fléchir les épreuves de tout ordre, physiques et morales, que prodigue la vie.

Le courage, c'est de ne pas livrer sa volonté au hasard des impressions et des forces ; c'est de garder dans les lassitudes inévitables l'habitude du travail et de l'action. Le courage dans le désordre infini de la vie qui nous sollicite de toutes parts, c'est de choisir un métier et de le bien faire, quel qu'il soit : c'est de ne pas se rebuter du détail minutieux ou monotone ; c'est de devenir, autant qu'on le peut, un technicien accompli ; c'est d'accepter et de comprendre cette loi de la spécialisation du travail qui est la condition de l'action utile, et cependant de ménager à son regard, à son esprit, quelques échappées vers le vaste monde et des perspectives plus étendues. Le courage, c'est d'être tout ensemble et quel que soit le métier, un praticien et un philosophe. Le courage, c'est de comprendre sa propre vie, de la préciser, de l'approfondir, de l'établir et de la coordonner cependant à la vie générale. Le courage, c'est de surveiller exactement sa machine à filer ou à tisser, pour qu'aucun fil ne se casse, et de préparer cependant un ordre social plus vaste et plus fraternel où la machine sera la servante commune des travailleurs libérés. Le courage, c'est d'accepter les conditions nouvelles que la vie fait à la science et à l'art, d'accueillir, d'explorer la complexité presque infinie des faits et des détails, et cependant d'éclairer cette réalité énorme et confuse par des idées générales, de l'organiser et de la soulever par la beauté sacrée des formes et des rythmes. Le courage, c'est de dominer ses propres fautes, d'en souffrir, mais de n'en pas être accablé et de continuer son chemin. Le courage, c'est d'aimer la vie et de regarder la mort d'un regard tranquille ; c'est d'aller à l'idéal et de comprendre le réel ; c'est d'agir et de se donner aux grandes causes sans savoir quelle récompense réserve à notre effort l'univers profond, ni s'il lui réserve une récompense. Le courage, c'est de chercher la vérité et de la dire ; c'est de ne pas subir la loi du mensonge triomphant qui passe, et de ne pas faire écho, de notre âme, de notre bouche et de nos mains aux applaudissements imbéciles et aux huées fanatiques.

Ah ! vraiment, comme notre conception de la vie est pauvre, comme notre science de vivre est courte, si nous croyons que, la guerre abolie, les occasions manqueront aux hommes d'exercer et d'éprouver leur courage, et qu'il faut prolonger les roulements de tambours qui dans les lycées du premier Empire faisaient sauter les cœurs ! Ils sonnaient alors un son héroïque ; dans notre XXe siècle, ils sonneraient creux. Et vous, jeunes gens, vous voulez que votre vie soit vivante, sincère et pleine. C'est pourquoi je vous ai dit, comme à des hommes, quelques-unes des choses que je portais en moi.

« Où voyez-vous qu'il y ait lieu de désespérer ? »

Antoine DE SAINT-EXUPÉRY

Chapitre LVI

Ainsi n'écoute jamais ceux qui te veulent servir en te conseillant de renoncer à l'une de tes aspirations. Tu la connais, ta vocation, à ce qu'elle pèse en toi. Et si tu la trahis c'est toi que tu défigures, mais sache que ta vérité se fera lentement car elle est naissance d'arbre et non trouvaille d'une formule, car c'est le temps d'abord qui joue un rôle, car il s'agit pour toi de devenir autre et de gravir une montagne difficile. Car l'être neuf qui est unité dégagée dans le disparate des choses ne s'impose point à toi comme une solution de rébus, mais comme un apaisement des litiges et une guérison des blessures. Et son pouvoir, tu ne le connaîtrais qu'une fois qu'il sera devenu. C'est pourquoi j'ai toujours honoré d'abord pour l'homme, comme des dieux trop oubliés, le silence et la lenteur.

Chapitre LVII

Car il est beau d'être aussi jeunes, vous les déshérités, les malheureux et les vaincus qui ne saviez lire dans votre héritage que la part de la mauvaise journée d'hier. Mais si je bâtis un temple et que vous y veniez composer la foule des croyants, si j'ai en vous jeté mes graines et vous réunis là dans la majesté du silence afin que vous soyez moisson lente et miraculeuse, où voyez-vous qu'il y ait lieu de désespérer ? Vous les avez connues, les aubes de victoire où les mourants sur leurs grabats et les cancéreux dans leur pestilence et les béquillards sur leurs béquilles et les endettés parmi leurs huissiers et les prisonniers parmi leurs gendarmes, tous, dans leurs divisions et leurs douleurs, se retrouvaient dans la victoire comme dans une clef de voûte, apportée à leur communauté, et ces matins-là, cette foule disparate devenait basilique pour le cantique de la victoire.

Tu l'as vu ainsi, l'amour, prendre, comme s'établissent des racines, avec retentissement soudain des âmes les unes sur les autres, peut-être même sous le coup du malheur qui tout à coup se fait structure et divine clef de voûte pour tirer de tous la même part, la même face qui collabore – et la joie vient alors de partager son pain, ou d'offrir une place auprès de son feu. Tu faisais bien le dégoûté, comme le podagre, avec ta maison minuscule que n'eussent même pas remplie tes amis, et tout à coup s'ouvre le temple où seul l'ami entre, mais innombrable.

Où voyez-vous qu'il y ait lieu de désespérer ? Il n'est jamais que perpétuelle naissance. Et certes il existe, l'irréparable, mais il n'y a rien là qui soit triste ou gai, c'est l'essence même de ce qui fut. Est irréparable ma naissance puisque me voici. Le passé est irréparable, mais le présent vous est fourni comme matériaux en vrac aux pieds du bâtisseur et c'est à vous d'en forger l'avenir.

Citadelle,

« *Jeunesse, jeunesse !*
Sois humaine, sois généreuse »

Émile Zola

Lettre ouverte parue le 14 décembre 1897 en brochure pendant l'affaire Dreyfus. (Titre original : Lettre à la jeunesse*).*

Ô jeunesse, jeunesse ! Je t'en supplie, songe à la grande besogne qui t'attend. Tu es l'ouvrière future, tu vas jeter les assises de ce siècle prochain, qui, nous en avons la foi profonde, résoudra les problèmes de vérité et d'équité posés par le siècle finissant. Nous, les vieux, les aînés, nous te laissons le formidable amas de notre enquête, beaucoup de contradictions et d'obscurités peut-être, mais à coup sûr l'effort le plus passionné que jamais siècle ait fait vers la lumière, les documents les plus honnêtes et les plus solides et les fondements mêmes de ce vaste édifice de la science que tu dois continuer à bâtir pour ton honneur et pour ton bonheur. Et nous ne te demandons que d'être encore plus généreuse, plus libre d'esprit, de nous dépasser par ton amour de la vie normalement vécue, par ton effort mis entier dans le travail, cette fécondité des hommes et de la terre qui saura bien faire enfin pousser la débordante moisson de joie, sous l'éclatant soleil. Et nous te céderons fraternellement la place, heureux de disparaître et de nous reposer de notre part de tâche accomplie, dans le bon sommeil de la mort, si nous savons que tu nous continues et que tu réalises nos rêves.

Jeunesse, jeunesse ! Souviens-toi des souffrances que tes pères ont endurées, des terribles batailles où ils ont dû vaincre, pour conquérir la liberté dont tu jouis à cette heure. Si tu te sens indépendante, si tu peux aller et venir à ton gré, dire dans la presse ce que tu penses, avoir une opinion et l'exprimer publiquement, c'est que tes pères ont donné de leur intelligence et de leur sang. Tu n'es pas née sous la tyrannie, tu ignores ce que c'est que de se réveiller chaque matin avec la botte d'un maître sur la poitrine, tu ne t'es pas battue pour échapper au sabre du dictateur, aux poids faux du mauvais juge. Remercie tes pères, et ne commets pas le crime d'acclamer le mensonge, de faire campagne avec la force brutale, l'intolérance des fanatiques et la voracité des ambitieux. La dictature est au bout.

Jeunesse, jeunesse ! Sois toujours avec la justice. Si l'idée de justice s'obscurcissait en toi, tu irais à tous les périls. Et je ne te parle pas de la justice de nos Codes, qui n'est que la garantie des liens sociaux.

Certes, il faut la respecter, mais il est une notion plus haute, la justice, celle qui pose en principe que tout jugement des hommes est faillible et qui admet l'innocence possible d'un condamné, sans croire insulter les juges. N'est-ce donc pas là une aventure qui doive soulever ton enflammée passion du droit ? Qui se lèvera pour exiger que justice soit faite, si ce n'est toi qui n'es pas dans nos luttes d'intérêts et de personnes, qui n'es encore engagée ni compromise dans aucune affaire louche, qui peut parler haut, en toute pureté et en toute bonne foi ?

Jeunesse, jeunesse ! Sois humaine, sois généreuse. Si même nous nous trompons, sois avec nous, lorsque nous disons qu'un innocent subit une peine incroyable et que notre cœur révolté s'en brise d'angoisse. Que l'on admette un seul instant l'erreur possible, en face d'un châtiment à ce point démesuré, et la poitrine se serre, les larmes coulent des yeux. Certes, les gardes-chiourmes restent insensibles, mais toi, toi qui pleures encore, qui dois être acquise à toutes les misères, à toutes les pitiés ! Comment ne fais-tu pas ce rêve chevaleresque, s'il est quelque part un martyr succombant sous la haine, de défendre sa cause et de le délivrer ? Qui donc, si ce n'est toi, tentera la sublime aventure, se lancera dans une cause dangereuse et superbe, tiendra tête à un peuple, au nom de l'idéale justice ? Et n'es-tu pas honteuse, enfin, que ce soient des aînés, des vieux qui se passionnent, qui fassent aujourd'hui ta besogne de généreuse folie ?

« Où allez-vous, jeunes gens, où allez-vous, étudiants, qui battez les rues, manifestant, jetant au milieu de nos discordes la bravoure et l'espoir de nos vingt ans ?

— Nous allons à l'humanité, à la vérité, à la justice ! »

« Ne craignons pas la joie »

Anatole FRANCE

Allocution prononcée à la fête inaugurale de l'Émancipation, université populaire du XVe arrondissement, le 21 novembre 1899.

Citoyennes et citoyens,

L'association que nous inaugurons aujourd'hui est formée pour l'étude. Ce sont des hommes qui se réunissent pour penser en commun. Vous voulez acquérir des connaissances qui donneront à vos idées de l'exactitude et de l'étendue et qui vous enrichiront ainsi d'une richesse intérieure et véritable. Vous voulez apprendre pour comprendre et retenir, au rebours de ces fils de riches qui n'étudient que pour passer des examens et qui, l'épreuve finie, ont hâte de débarrasser leurs cerveaux de leur science, comme d'un meuble encombrant. Votre désir est plus noble et plus désintéressé. Et comme vous vous proposez de travailler à votre propre développement, vous rechercherez ce qui est vraiment utile et ce qui est vraiment beau.

Les connaissances utiles à la vie ne sont pas seulement celles des métiers et des arts. S'il est nécessaire que chacun sache son métier, il est utile à chacun d'interroger la nature qui nous a formés et la société dans laquelle nous vivons. Quel que soit notre état parmi nos semblables, nous sommes avant tout des hommes et nous avons grand intérêt à connaître les conditions nécessaires de la vie humaine. Nous dépendons de la terre et de la société, et c'est en recherchant les causes de cette dépendance que nous pourrons imaginer les moyens de la rendre plus facile et plus douce. C'est parce que les découvertes des grandes lois physiques qui régissent les mondes ont été lentes, tardives, longtemps renfermées dans un petit nombre d'intelligences, qu'une morale barbare, fondée sur une fausse interprétation des phénomènes de la nature, a pu s'imposer à la masse des hommes et les soumettre à des pratiques imbéciles et cruelles.

Croyez-vous, par exemple, citoyens, que, si les savants avaient connu plus tôt la vraie situation du globe terrestre tournant en compagnie de quelques autres globes, ses frères, autour d'un soleil qui nage lui-même dans l'espace infini, peuplé d'une multitude d'autres soleils, pères ardents et lumineux d'une multitude de mondes, – pensez-vous que, si dans les siècles anciens un grand nombre d'hommes avaient eu cette juste idée de l'univers et y avaient suffisamment attaché leur pensée, c'eût été possible de les effrayer en leur faisant croire qu'il y a sous terre un enfer et des diables ? C'est la science qui nous affranchit de ces vaines terreurs, que certes vous avez rejetées loin de vous. Et ne voyez-vous pas que de l'étude de la nature vous tirerez une foule de conséquences morales qui rendront votre pensée plus assurée et plus tranquille ?

La connaissance de l'être humain n'est pas moins profitable. En suivant les transformations de l'homme depuis l'époque où il vivait nu, armé de flèches de pierre, dans des cavernes, jusqu'à l'âge actuel des machines, au règne de la vapeur et de l'électricité, vous embrasserez les grandes phases de l'évolution de notre race.

La connaissance des progrès accomplis vous permettra de pressentir, de solliciter les progrès futurs. Peut-être voudrez-vous vous tenir de préférence dans des temps voisins du nôtre et rechercher dans un passé récent l'origine de l'état actuel de la société. Là encore, là surtout l'étude vous sera d'un grand profit. En recherchant comment s'est formée et accrue la force capitaliste, vous jugerez mieux des moyens qu'il faut employer pour la maîtriser, à l'exemple des grands inventeurs qui n'ont asservi la nature qu'après l'avoir patiemment observée.

Vous étudierez les faits de bonne foi, sans parti pris ni système préconçu. Les vrais savants – et j'en vois ici – vous diront que la science veut garder son indépendance et sa liberté, et qu'elle ne se soumet à aucune puissance étrangère. Est-ce à dire que vous poursuivrez vos recherches sans direction ni but déterminé ? Non. Vous entreprenez une œuvre idéale mais définie, immense mais précise.

Vous vous proposez de travailler mutuellement à développer votre être intellectuel et moral, à vous rendre plus sûrs de vous-mêmes, et plus conscients de vos forces, par une connaissance plus exacte des nécessités de la vie sur la planète, et des conditions particulières où chacun se trouve dans la société actuelle. Votre association est constituée pour vous solliciter les uns les autres à penser et à réfléchir à la place des privilégiés, qui ne s'en donnent plus la peine, et pour vous assurer ainsi une part dans l'élaboration d'un ordre de choses nouveau et meilleur, puisque, malgré les coups de force, c'est la pensée qui conduit le monde, comme la boussole dans la tempête montre encore la route aux navires.

Votre association recherchera ce qu'il y a de plus utile à connaître dans la science. Elle vous découvrira ce qu'il y a de plus agréable à considérer dans l'art. Ne vous refusez pas à mêler dans vos études l'agréable à l'utile. D'ailleurs, comment les séparer, si l'on a un peu de philosophie ? Comment marquer le point où finit l'utile et où commence l'agréable ? Une chanson, est-ce que cela ne sert à rien ? *La Marseillaise* et *La Carmagnole* ont renversé les armées des rois et des empereurs. Est-ce qu'un sourire est inutile ? Est-ce donc si peu de plaire et de charmer ?

Vous entendez parfois des moralistes vous dire qu'il ne faut rien accorder à l'agrément dans la vie. Ne les écoutez pas. Une longue tradition religieuse, qui pèse encore sur nous, nous enseigne que la privation, la souffrance et la douleur sont des biens désirables et qu'il y a des mérites spéciaux attachés à la privation volontaire. Quelle imposture ! C'est en disant aux peuples qu'il faut souffrir en ce monde pour être heureux dans l'autre qu'on a obtenu d'eux une pitoyable résignation à toutes les oppressions et à toutes les iniquités. N'écoutons pas les prêtres qui enseignent que la souffrance est excellente. C'est la joie qui est bonne !

Nos instincts, nos organes, notre nature physique et morale, tout notre être nous conseille de chercher le bonheur sur la terre. Il est difficile de le rencontrer. Ne le fuyons point. Ne craignons pas la joie ; et lorsqu'une forme heureuse ou une pensée riante nous offre du plaisir, ne la refusons pas. Votre association est de cet avis. Elle est prête à vous offrir, avec des pensées utiles, des pensées agréables, qui sont utiles aussi. Elle vous fera connaître les grands poètes : Racine, Corneille, Molière, Victor Hugo, Shakespeare. Ainsi nourris, vos esprits croîtront en force et en beauté.

Et il est temps, citoyens, qu'on sente votre force, et que votre volonté, plus claire et plus belle, s'impose pour établir un peu de raison et d'équité dans un monde qui n'obéit plus qu'aux suggestions de l'égoïsme et de la peur. Nous avons vu ces derniers temps la société bourgeoise et ses chefs incapables de nous assurer la justice, je ne dis pas la justice idéale et future, mais seulement la vieille justice boiteuse, survivante des âges rudes. Celle-là, qui les protégeait, les insensés, dans leur folie, ils viennent de lui porter un coup mortel. Nous les avons vus triompher dans le mensonge, aspirer à la plus brutale des tyrannies, souffler dans les rues la guerre civile et la haine du genre humain.

À vous, citoyens, à vous, travailleurs, de hausser vos esprits et vos cœurs, et de vous rendre capables, par l'étude et la réflexion, de préparer l'avènement de la justice sociale et de la paix universelle.

« Apprenons la politesse de l'esprit et l'art de trouver la vie aimable »

Henri Bergson

Discours de remise de prix prononcé au lycée Henri-IV, en 1892. Il avait été précédé d'une première version, prononcée en 1885, à Clermont-Ferrand.

Jeunes élèves,

Je manquerais à une tradition consacrée en ne m'excusant pas d'abord d'empiéter sur des vacances que vous avez si bien gagnées ; je manquerais surtout à la Politesse, qui est précisément le sujet dont je veux vous entretenir.

J'ai quelque scrupule, je l'avoue, à vous poursuivre d'une leçon de morale jusqu'en ce jour de fête ; mais tout bien considéré, je crois que vous me pardonnerez, d'abord parce que la leçon sera courte, ensuite parce que c'est la dernière, et enfin peut-être aussi parce que vous n'aurez pas à l'apprendre.

Je voudrais donc chercher avec vous en quoi consiste la politesse vraie : est-ce une science, un art ou une vertu ? Quelques-uns s'imaginent que la politesse consiste à savoir saluer, entrer, sortir, s'asseoir, et à observer, en toute circonstance, les préceptes si complaisamment énumérés dans les Codes de la civilité puérile et honnête. Si c'était là toute la politesse, beaucoup de sauvages pourraient se croire plus polis que nous, car la complication de leur cérémonial fait l'étonnement des voyageurs. Nous nous bornons à soulever notre chapeau ; eux se dépouillent de leurs sandales et même d'une partie de leurs vêtements pour mieux marquer leur considération. Le ton sur lequel nous disons au premier venu : « Comment vous portez-vous ? » lui fait suffisamment comprendre que sa santé est le moindre de nos soucis. Ne croyez pas que de pareils procédés seraient tolérés chez les Indiens d'Araucanie : là, un homme n'en aborde pas un autre sans échanger avec lui, pendant un quart d'heure environ, des formules conventionnelles de politesse dont l'omission serait considérée comme une mortelle offense. Les gens les plus civils ne sont donc pas toujours les plus civilisés. Reste à savoir, il est vrai, si la civilité se confond avec la politesse, et si la véritable politesse est cérémonieuse. Les précautions infinies dont certains personnages s'entourent pour vous parler semblent calculées pour vous tenir à distance ; leur politesse est bien un vernis, mais un de ces vernis trop frais dont on a peur d'approcher. Vous ne vous sentez pas à votre aise quand le hasard vous amène auprès d'eux ; vous les devinez égoïstes, orgueilleux ou indifférents ; bientôt, injuste vous-même, vous interprétez en mal tout ce qu'ils disent et tout ce qu'ils font ; s'ils sourient, vous croyez que c'est par pitié ; s'ils abondent dans votre sens, c'est pour être plus vite débarrassés de vous ; s'ils vous reconduisent jusqu'à la porte, c'est pour bien s'assurer que vous êtes parti. Je ne veux pas dire qu'il faille rompre avec les formes et formules de la civilité ; n'en pas tenir compte est le signe d'une mauvaise éducation. Mais je ne puis croire que des formules toutes faites, qui s'apprennent par cœur et sans la moindre peine, qui conviennent également au plus sot et au plus sage, que les races inférieures respectent autant et plus que nous, soient le dernier mot de la politesse. Qu'est-elle donc, et comment la définirons-nous ?

Au fond de la vraie politesse vous trouverez un sentiment, qui est l'amour de l'égalité. Mais il y a bien des manières d'aimer l'égalité et de la comprendre. La pire de toutes consiste à ne tenir aucun compte de la supériorité de talent ou de valeur morale. C'est une forme de l'injustice, issue de la jalousie, de l'envie, ou d'un inconscient désir de domination. L'égalité que la justice réclame est une égalité de rapport, et par conséquent une proportion, entre le mérite et la récompense. Appelons politesse des manières, si vous voulez, un certain art de témoigner à chacun, par son attitude et ses paroles, l'estime et la considération auxquelles il a droit. Ne dirions-nous pas que cette politesse exprime à sa manière l'amour de l'égalité ?

La politesse de l'esprit est autre chose. Chacun des hommes a des dispositions particulières qu'il tient de la nature, et des habitudes qu'il doit à l'éducation qu'il a reçue, à la profession qu'il exerce, à la situation qu'il occupe dans le monde. Ces habitudes et ces dispositions sont, la plupart du temps, appropriées aux circonstances qui les ont faites ; elles donnent à notre personnalité sa forme et sa couleur. Mais précisément parce qu'elles varient à l'infini d'un individu à l'autre, il n'y a pas deux hommes qui se ressemblent ; et la diversité des caractères, des tendances, des habitudes acquises s'accentue à mesure qu'un plus grand nombre de générations humaines se succèdent, à mesure aussi que la civilisation croissante divise davantage le travail social et enferme chacun de nous dans les limites de plus en plus étroites de ce qu'on appelle un métier ou une profession. Cette diversité infinie des habitudes et des dispositions doit être considérée comme un bienfait, puisqu'elle est le résultat nécessaire d'un progrès accompli par la société ; mais elle n'est pas sans inconvénient. Elle fait que nous nous sentons dépaysés quand nous sortons de nos occupations habituelles, que nous nous comprenons moins les uns les autres : en un mot, cette division du travail social, qui resserre l'union des hommes sur tous les points importants en les rendant solidaires les uns des autres, risque de compromettre les relations purement intellectuelles, qui devraient être le luxe et l'agrément de la vie civilisée.

Il semble donc que la puissance de contracter des habitudes durables, appropriées aux circonstances où l'on se trouve et à la place qu'on prétend occuper dans le monde, appelle à sa suite une autre faculté qui en corrige ou en atténue les effets, la faculté de renoncer, le cas échéant, aux habitudes qu'on a contractées ou même aux dispositions naturelles qu'on a su développer en soi, la faculté de se mettre à la place des autres, de s'intéresser à leurs occupations, de penser de leur pensée, de revivre leur vie en un mot, et de s'oublier soi-même. En cela consiste surtout la politesse de l'esprit, laquelle n'est guère autre chose, semble-t-il, qu'une espèce de souplesse intellectuelle. L'homme du monde accompli sait parler à chacun de ce qui l'intéresse ; il entre dans les vues d'autrui sans les adopter toujours ; il comprend tout sans pour cela tout excuser. Ce qui nous plaît en lui, c'est la facilité avec laquelle il circule parmi les sentiments et les idées ; c'est peut-être aussi l'art qu'il possède, quand il nous parle, de nous laisser croire qu'il ne serait pas le même pour tout le monde ; car le propre de cet homme très poli est de préférer chacun de ses amis aux autres, et de réussir ainsi à les aimer tous également. Aussi, un juge trop sévère pourrait-il mettre en doute sa sincérité et sa franchise. Ne vous y trompez pas cependant ; il y aura toujours entre cette politesse raffinée et l'hypocrisie obséquieuse la même distance qu'entre le désir de servir les gens et l'art de se servir d'eux. Elle est faite avant tout, je le veux bien, du désir de plaire ; mais le désir de plaire ne se retrouve-t-il pas aussi au fond de la grâce ? Je ne sais si vous avez jamais essayé d'analyser le sentiment que le spectacle d'une danse gracieuse, par exemple, fait naître dans l'âme. C'est d'abord de l'admiration pour ceux qui exécutent avec souplesse, et comme en se jouant, des mouvements variés et rapides, sans choc ni secousse, sans solution de continuité, chacune des attitudes étant indiquée dans celles qui la précèdent et annonçant celles qui vont la suivre. Mais il y a quelque chose de plus, il entre dans notre sentiment de la grâce, en même temps qu'une sympathie pour la légèreté de l'artiste, l'idée que nous nous dépouillons nous-mêmes de notre pesanteur et de notre matérialité. Enveloppés dans le rythme de sa danse, nous adoptons la subtilité de son mouvement sans prendre notre part de son effort, et nous retrouvons ainsi l'exquise sensation de ces rêves où notre corps nous semble avoir abandonné son poids, l'étendue sa résistance, et la forme sa matière. Eh bien, tous les éléments de la grâce physique, vous les retrouverez dans cette politesse qui est la grâce de l'esprit. Comme la grâce, elle éveille l'idée d'une souplesse sans bornes ; comme la grâce, elle fait courir entre les âmes une sympathie mobile et légère ; comme la grâce, enfin, elle nous transporte de ce monde où la parole est rivée à l'action, et l'action elle-même à l'intérêt, dans un autre, tout idéal, où paroles et mouvements s'affranchissent de leur utilité et n'ont plus d'autre objet que de plaire. Ne dirons-nous pas que cette politesse aux mille aspects divers, qui suppose certaines qualités du cœur et beaucoup de qualités de l'esprit, qui consiste, au fond, dans la parfaite liberté de l'intelligence, est la politesse idéale, et que le moraliste le plus sévère aurait mauvaise grâce à exiger mieux ou davantage ?

Eh bien non, mes amis. Au-dessus de cette politesse, qui n'est qu'un talent, j'en conçois une autre, qui serait presque une vertu. Il y a des âmes timides, avides d'approbation parce qu'elles se méfient d'elles-mêmes, et qui joignent, à une vague conscience de leur mérite, le désir et le besoin de l'entendre louer par d'autres. Est-ce vanité, est-ce modestie ? je ne sais ; mais tandis que le fat nous répugne avec sa prétention d'imposer aux autres la bonne opinion qu'il a de lui, nous nous sentons plutôt attirés vers ceux qui attendent anxieusement, pour avoir de leur propre mérite cette même opinion avantageuse, que nous voulions bien la leur donner. Une louange méritée, une parole aimable, pourra produire sur ces âmes l'effet d'un rayon de soleil tombant tout à coup sur une campagne désolée ; comme lui, elle les fera reprendre à la vie, et même, plus efficace, elle transformera parfois en fruits des fleurs qui se seraient sans cela séchées. Au contraire, une allusion involontaire, un mot de blâme sorti d'une bouche autorisée, peuvent nous jeter dans cette tristesse où mécontents de nous, désespérant de l'avenir, nous croyons voir se fermer devant nous toutes les avenues de la vie. Et de même que le cristal infiniment petit, tombant dans une solution sursaturée, appelle à lui l'immense multitude des molécules éparses et fait que le liquide transparent se transforme tout d'un coup en une masse opaque et solide, ainsi, au léger bruit de ce reproche à peine tombé au milieu d'elles, accourent, de-ci, de-là, de mille points divers et par tous les chemins qui vont au fond du cœur, les timidités en apparence vaincues, les désillusions un instant consolées, toutes ces tristesses flottantes qui n'attendaient qu'une occasion pour cristalliser en masse compacte, et peser de tout leur poids sur une âme désormais inerte et découragée. Cette sensibilité un peu maladive est chose rare, heureusement ; mais quel est celui qui ne s'est pas senti, à certains moments, douloureusement atteint dans son amour-propre et arrêté tout aussitôt dans l'essor qu'il aurait pu prendre ; au lieu qu'à d'autres moments une harmonie délicieuse le pénètre, parce qu'un mot glissé à son oreille, s'insinuant dans l'âme et la fouillant jusque dans ses plus secrets replis, est venu toucher cette fibre cachée qui ne peut résonner sans que toutes les puissances de l'être s'ébranlent avec elle et vibrent à l'unisson ? Ne serait-ce point là, jeunes élèves, la politesse la plus haute, la politesse du cœur, celle que nous appelions une vertu ? C'est la charité s'exerçant dans la région des amours-propres, là où il est aussi difficile parfois de connaître le mal que de le vouloir guérir. Une grande bonté naturelle en est le fond ; mais cette bonté resterait peut-être inefficace si la pénétration de l'esprit ne s'y joignait, la finesse, et une connaissance approfondie du cœur humain.

Il semble donc que la politesse sous toutes ses formes, politesse de l'esprit, politesse des manières et politesse du cœur, nous introduise dans une république idéale, véritable cité des esprits, où la liberté serait l'affranchissement des intelligences, l'égalité un partage équitable de la considération, et la fraternité une sympathie délicate pour les souffrances de la sensibilité. Elle prolongerait la justice et la charité au-delà du monde tangible ; elle ajouterait à la vie de tous les jours, où des relations utiles s'établissent entre les hommes, l'attrait subtil d'une œuvre d'art. La politesse ainsi entendue réclame le concours de l'esprit et du cœur ; c'est dire qu'elle ne s'enseigne guère ; mais si quelque chose y pouvait prédisposer, ce seraient les études désintéressées, et en particulier celles que vous faites ici, jeunes élèves, les études classiques.

Le maître éminent qui nous fait l'honneur de présider cette fête a parlé quelque part de la sympathie que le culte de l'Antiquité classique maintenait jadis entre les lettrés de tous pays. Il y avait alors des beautés incontestées, et l'on s'accordait à les admirer. On mettait quelque chose de soi dans ses auteurs de prédilection, on s'aimait en eux, et même on s'enorgueillissait un peu de leur gloire, comme lorsqu'on croit partager, en y pensant, la réputation d'un ancien camarade arrivé à la célébrité. N'est-il pas vrai que des études faites en commun, et le souvenir qu'on en garde, peuvent nouer entre les esprits une société du même genre ? À votre âge, jeunes élèves, les souvenirs s'impriment plus vite et plus profondément dans la mémoire, et si nos plus chers amis sont nos amis d'enfance, c'est peut-être parce que les souvenirs d'enfance sont les plus durables, que l'amitié vit de souvenirs, et que les joies mêmes de l'homme fait, quelles qu'elles soient, doivent la meilleure partie de leur charme à un passé lointain dont elles lui ramènent pour quelques instants la fraîcheur. Ces souvenirs d'enfance, qui fondent l'amitié et qui sont eux-mêmes des amis, ne deviendraient-ils pas les grands conciliateurs des esprits et des cœurs, le jour où une éducation véritablement nationale réunirait le plus grand nombre des citoyens dans des admirations communes ? Alors se répandrait, alors se généraliserait la politesse de l'esprit, non pas cette politesse artificielle que donne la simple fréquentation du monde, mais celle qui sort naturellement de l'accord et de la camaraderie des intelligences. Sans aller aussi loin, ne pourrait-on pas dire que la meilleure préparation à cette politesse de l'esprit est encore la lecture des auteurs anciens ? Les anciens avaient voué aux idées un amour plus pur que le nôtre, car ils les aimaient pour elles, au lieu que nous les aimons pour ce qu'elles nous donnent. L'idée est pour nous un principe d'action surtout ; elle était objet de contemplation pour les anciens. Rappelez-vous certaines pages des dialogues de Platon, et la délicieuse inutilité de ces conversations où Socrate et ses disciples paraissent moins préoccupés d'affirmer leur pensée que de se la donner en spectacle, et même de jouer avec elle. Nous sommes pressés d'arriver au but, et notre poursuite des idées ressemble à une course ; celle des anciens était une promenade, et ils s'attardaient volontiers le long de la route parce qu'ils la trouvaient belle. Enfin, si notre morale est plus profonde que la morale antique, si notre justice est plus stricte et notre charité plus large, si nous comprenons mieux ce qui fait le sérieux, la gravité, et, pour tout dire, l'importance de la vie, les anciens en ont mieux senti le charme. C'est en aimant la vie qu'ils se sont rendus aimables, et ils l'aimaient parce qu'ils savaient y découvrir la beauté, et, comme dirait Platon, résoudre les choses en idées. Suivons leur exemple, et si nous n'avons plus les mêmes loisirs pour nous livrer à la contemplation du beau ; apprenons du moins, à leur école, la politesse de l'esprit et l'art de trouver la vie aimable.

Ajouterai-je que la philosophie complète heureusement sur ce point les études littéraires ? Un ancien a dit que, dans une république où tous les citoyens seraient amis de la science et de la spéculation philosophique, tous les citoyens seraient amis les uns des autres. Il n'entendait pas par là, sans doute, que la science met fin aux discussions et aux luttes, mais plutôt que la discussion perd de son aigreur et la lutte de sa violence quand elles se livrent entre idées pures. Car l'idée, au fond, est amie de l'idée, même de l'idée contraire, et les dissensions graves viennent toujours de ce que nous mêlons nos passions grossières et humaines aux idées, qui sont ce qu'il y a de divin en nous. L'intolérance n'est peut-être qu'une certaine inaptitude à isoler la pensée de l'action ; elle consiste à faire comparaître les idées d'autrui, non pas devant notre seule raison, mais devant les appétits et les désirs qui lui font bruyamment cortège. Or, pour détacher notre intelligence de la passion et lui apprendre à se retrouver en autrui, il faut lui montrer clairement que les doctrines les plus opposées en apparence ont un principe commun, qu'elles sortent les unes des autres par une évolution lente, que plus souvent, en s'emportant contre ce qu'on croit être l'opinion d'autrui, on condamne aussi la sienne, et que l'erreur même est source de vérité. C'est ce que l'enseignement de la philosophie met en pleine lumière. Oui, cette disposition d'esprit assez fréquente chez ceux qui ont approfondi la philosophie, et qu'on affecte parfois de confondre avec le scepticisme, il faudrait l'appeler tolérance, impartialité, courtoisie, politesse. La politesse est donc autre chose qu'un luxe ; ce n'est pas seulement une élégance de la vertu. À la grâce elle joindrait la force, le jour où, se communiquant de proche en proche, elle substituerait partout la discussion à la dispute, amortirait le choc des opinions contraires, et amènerait les citoyens à mieux se connaître et à mieux s'aimer les uns les autres. C'est sur ce conseil, jeunes élèves, que je termine. Dites-vous bien qu'en cultivant votre intelligence, en élargissant votre pensée, en vous exerçant, pour tout dire, à la politesse supérieure de l'esprit, vous travaillez à resserrer ces liens et à fortifier cette union d'où dépendent l'avenir et la grandeur de la Patrie.

Clermont-Ferrand, 1885/
lycée Henri-IV, 1892

« Toute l'œuvre de la raison consiste à subordonner l'intelligence au cœur »

Alain

Discours de distribution des prix au lycée de Lorient, en 1895. (Titre original : L'accord pour la vie*).*

On vous parle beaucoup, on vous parle trop de la lutte pour la vie. Tous les instants critiques de votre existence, on vous l'a assez répété, seront comme des batailles, pour lesquelles nous vous armons d'intelligence et de volonté. Tout à l'heure nous allons couronner les plus forts d'entre vous, et comme les marquer pour la victoire, et cette distribution des prix serait ainsi le symbole attristant de la vie dans laquelle vous allez entrer, car l'homme, vous dit-on trop souvent, est né pour lutter contre l'homme, et la vie est un combat sans laquelle les vaincus ont tort.

On pourrait n'accorder qu'une médiocre attention à ces aphorismes de la sagesse vulgaire. Mais la Science, je veux dire la fausse Science, celle qui n'est pas sortie de la Caverne, et se livre à de puériles conjectures sur les ombres qu'elle voit passer, a voulu faire de cette affirmation banale une espèce de dogme ; et voici ce qu'elle prétend :

L'Être vivant a des besoins auxquels la richesse de la Nature suffit à peine. Par suite tout ce qu'un être prend pour lui il l'arrache aux autres ; la vie de celui-ci entraîne la mort de celui-là. Des loups se disputant une proie, tel est le symbole exact de l'existence de tout ce qui vit. Car l'homme aussi est un loup pour l'homme. Quand même il aurait en lui les plus généreux instincts, quand même il serait fait pour Aimer, la nécessité le conduirait à Haïr. L'homme, si supérieur aux animaux qu'on le suppose, a un corps, il est esclave de la Nature ; par son corps, il subit la loi universelle de la lutte. Seuls les plus forts et les plus habiles survivent. Ainsi le progrès lui-même, ce grand mot dont l'humanité se grise et se leurre, est une victoire des mieux armés sur les autres. Le progrès c'est l'élimination inévitable des faibles, et le bonheur de quelques-uns est nécessairement fait du malheur des autres.

Mais alors d'où viennent la confiance, la sympathie, le dévouement ? D'où viennent la foi aux serments, l'amour de la famille, le culte de la Patrie ? – Conventions et hypocrisie que tout cela, réplique la fausse Science. L'homme lutte pour la vie ; seulement il lutte avec intelligence. L'habileté chez lui s'ajoute à la force ; c'est pourquoi l'homme [ne] s'allie à l'homme que pour lutter contre l'homme. À Défaut du raisonnement, l'histoire nous le démontrerait. Il a existé un peuple chez qui le culte du foyer, le dévouement à la Patrie, le sacrifice de l'individu à l'État ont été aussi absolus qu'on peut le concevoir : c'est le Peuple Romain, et le peuple Romain a conquis le monde.

Telle est, Messieurs, en raccourci, la conception qu'une science de vue courte se fait de l'exigence de la vie. S'il n'y avait qu'à enregistrer cet arrêt, n'est-ce pas que j'aurais mieux fait de vous parler d'autre chose, et de vous entraîner, pour quelques instants, loin des exigences de la vie pratique, dans la demeure sereine du philosophe.

Mais cela n'est pas. Ce prétendu dogme est faux. Ce résultat de l'expérience est démenti par l'expérience. Cette conception de la vie est contraire aux lois de la Vie. Ce n'est pas « Lutte pour la vie » qu'il faut dire, c'est « accord pour la vie ».

Lorsque la Science vous dit que la Vie est une lutte sans merci, la Science se trompe. Au lieu d'être le commentaire du mot célèbre : « Malheur aux vaincus », l'étude des êtres vivants est une illustration de cette autre maxime bien plus profonde : « Malheur à celui qui est seul. »

Vous connaissez, chers élèves, le très ancien apologue des Membres et de l'Estomac. Les Membres s'avisèrent un jour de vivre en parfaits égoïstes, et de mettre en pratique la maxime « chacun pour soi » et ils ne le purent pas. Je ne dis pas qu'ils en souffrirent. Je dis bien plus. Je dis qu'ils en moururent, et qu'ainsi l'égoïsme complet non seulement leur fut nuisible, mais même leur fut impossible.

Or cet apologue, très naïf en apparence, est devenu une vérité scientifique. Un corps organisé est une cité qui n'existe et ne subsiste que par l'union et la solidarité parfaite des êtres vivants qui la composent.

Au fond des mers gisent des masses inertes, sans forme et en apparence sans vie. Ces êtres pourtant sont vivants, mais ils dorment. Les mouvements de la mer les nourrissent. L'épaisse couche des eaux les protège. Ils sont indifférents les uns aux autres parce qu'ils sont indifférents à eux-mêmes ; ils ne souffrent pas, donc ils n'aiment pas.

Mais que l'enveloppe protectrice de la mer vienne à leur manquer, que quelques-uns de ces vivants rudimentaires éprouvent les actions nuisibles d'un milieu nouveau, aussitôt tout se réveille, tout s'agite. Les mouvements imperceptibles qui étaient comme le souffle de tous ces êtres endormis, s'accentuent, s'unissent, se précisent. Tout choc reçut par chacun des éléments se répercute à travers tous les autres. Une communauté d'actions et de réactions s'établit entre eux. Chacun d'eux fait avec plus d'énergie les mouvements auxquels il est propre. L'Organisation, la Coordination des actions, c'est-à-dire la Vie, commencent avec l'association. L'agglomération devient organisme. La masse indistincte devient individu, et tout individu vivant est véritablement une ville, une nation, dont la loi se résume en ce seul mot : Dévouement.

Pourquoi les bras s'étendent-ils en avant pour repousser un péril qui ne les menace pas ? Pourquoi une simple piqûre imprime-t-elle à l'organisme tout entier des mouvements désordonnés ? Pourquoi le cœur, caché derrière votre poitrine, bat-il plus fort lorsque seulement vos yeux aperçoivent un danger ? Pourquoi cette solidarité, Messieurs, sinon parce que la loi de la vie, c'est la vie en société ?

Si vraiment l'égoïsme était au fond de la vie ; si l'instinct de conservation était le premier de tous les instincts, est-ce que les parties se sacrifieraient ainsi au tout ? Est-ce qu'elles n'attendraient pas pour agir, d'être elles-mêmes lésées ? Au contraire, elles veillent, elles agissent, non pour elles-mêmes, mais pour sauver la puissance et la beauté du tout.

Un homme est endormi ; rien ne le distingue d'une statue habilement imitée, c'est-à-dire d'un simple agrégat d'éléments matériels juxtaposés. Mais un bruit traverse l'air. Son oreille en est, non pas frappée, mais avertie. Aussitôt les yeux s'ouvrent, les muscles se contractent, le corps se dresse, les poings se serrent, un sang plus riche bat plus vite dans les artères, et la poitrine accélère ses mouvements, comme pour faire provision de force.

Si l'organisme à la première secousse ne se réveillait pas ainsi tout entier, nous dirions qu'il est malade, nous dirions qu'il va mourir. Le signe de vie, c'est la sensibilité, et la sensibilité c'est la solidarité. Le vieil Empédocle disait bien que l'Amour unit et que la Haine sépare.

Mais cette loi de la Vie, Messieurs, se vérifie à tous les degrés de la vie. L'individu, qui est une cité, ne peut vivre que dans une cité. Vous croyez vivre seul, ne dépendre de personne, et avoir rompu les liens gênants qui vous unissaient à vos semblables. Mais pourtant la cité vous protège à chacun de vos pas contre la Nature et contre votre propre faiblesse. Vous jouissez de l'expérience et de la Sagesse que vos ancêtres ont acquises à travers les siècles. Vous êtes-vous jamais demandé ce que résume de travail prévoyant et de sollicitude désintéressée ce que l'on appelle une ville ? La rue que vous suivez, le pont que vous franchissez, le toit qui vous abrite, tout cela a été fait par d'autres, pour vous. Vous n'y pensez même pas, et cela rend cette vérité encore plus frappante, car c'est grâce au travail des autres que vous pouvez n'y pas penser.

C'est ainsi que l'Égoïste lui-même vit avec la cité ; il ne peut vivre en loup que parce qu'il ne vit pas qu'avec les loups. Celui qui n'a pas de patrie ne peut vivre qu'autant qu'une patrie l'adopte. Si la cité le traitait comme il traite la cité, il succomberait bientôt : l'égoïste ne peut vivre qu'à l'abri de la Fraternité.

Telles sont les véritables conclusions de la science. La loi générale de la Vie c'est l'Union, l'Association, la Solidarité. Tout être vivant est au fond sociable et généreux ; l'égoïsme n'est qu'une anomalie superficielle que l'altruisme seul a rendu possible. J'insiste, Messieurs, sur cette affirmation : l'homme ne naît pas égoïste, il le devient. Comment peut-on avoir si souvent méconnu une vérité aussi évidente ! Si l'homme était égoïste par nature, les hommes les plus simples ne penseraient qu'à eux et n'agiraient que pour eux. Mais au contraire les enfants et les sauvages agissent pour agir. Ils aiment les mouvements inutiles : ils aiment le danger. C'est la réflexion mal dirigée qui crée l'égoïsme sous sa forme la plus commune et la plus significative : la crainte de la mort. L'homme qui réfléchit trop, l'homme qui pense lui-même, craint la mort. L'homme qui agit ne la craint pas.

Il y a bien plus. L'oubli de soi est tellement nécessaire à l'homme que nous y voyons aboutir les plus égoïstes de toutes les passions.

Certes l'Avare est égoïste ; c'est pour lui qu'il désire l'or. Certes l'Ambitieux est égoïste ; c'est pour lui qu'il désire la puissance et les honneurs. Et pourtant l'Avare, poussé par sa nature, se sacrifie à son or ; l'Ambitieux se sacrifie à sa chimère.

On a assez déploré les horreurs de la guerre. Pourtant j'y vois ceci d'admirable. C'est cette Fraternité que le danger commun crée entre les hommes, qui le rapproche et unit de façon que chacun compte autant sur les autres que sur lui-même : c'est le sommeil de tous sous la protection d'un seul : les hommes dormant les uns contre les autres ; le plus fort devenant par la force même des choses, le conseiller et le protecteur du plus faible.

La guerre semble fournir un argument à ceux qui ne veulent voir dans l'homme que l'instinct de la lutte. La réalité, elle, nous donne le plus grand exemple de solidarité et de fraternité. C'est peut-être la guerre, cette lutte sans merci, qui montre le mieux que l'homme n'est pas né pour lutter contre lui-même, et que l'égoïsme n'est pas le fond de sa nature. Quel est donc l'homme qui fasse la guerre [pour lui-même] ? Quel est donc l'homme que l'instinct de conservation portera à combattre ? L'égoïsme ne le poussera jamais qu'à prendre la fuite. En réalité l'homme se bat parce qu'il aime, parce qu'il se dévoue. Le courage, comme l'amour, vient du cœur.

Ainsi – une observation plus attentive et une science plus rigoureuse nous le montrent –, la vie n'est pas concurrence, lutte implacable entre de féroces égoïsmes ; la vie est, au contraire, union et accord. Rien ne peut vivre par la Haine ; rien ne vit que par l'Amour. Sans doute, l'homme agit souvent comme s'il était égoïste : la réflexion annihile ou tout au moins diminue les impulsions généreuses de son cœur. Mais il n'est pas conforme à l'Ordre que le Cœur soit subordonné à l'Intelligence. Que ferait, en effet, le cerveau le mieux construit si le cœur n'y envoyait un sang généreux ? Que pourrait l'intelligence toute seule, sans le sentiment, sans la Vie ? Le fond de notre nature, ce n'est pas la prudence qui calcule et prévoit ; c'est la générosité, l'oubli de soi, l'amour de l'action pour l'action, la joie de se consumer en produisant.

Cultivez donc votre intelligence, chers élèves, mais prenez bien garde aussi qu'elle ne se subordonne tout le reste, et qu'ainsi l'accessoire ne devienne le principal. Que votre cœur ne soit pas la dupe de votre esprit. Pascal a dit : « Le cœur a ses raisons que la Raison ne connaît pas » ; ce mot profond n'est pourtant pas d'une exactitude absolue. Car si le cœur a ses raisons, la Raison les connaît et s'y reconnaît.

Toute l'œuvre de la Raison consiste à subordonner l'Intelligence au Cœur.

Paru dans *Le Nouvelliste*, le 4 août 1895 ;

« *L'avenir se confond en chacun de nous avec l'acte même de vivre* »

Paul Valéry

Discours prononcé à l'occasion de la distribution des prix au collège de Sète, le 13 juillet 1935.

Votre maître de Philosophie vient, en quelques pages excellentes, de nous rappeler la fonction la plus simple, la plus profonde, la plus générale de notre être, qui est de faire de l'avenir. Tout notre être, et non seulement notre esprit, n'est occupé que de ce qui sera, puisqu'il ne procède que par actes, plus ou moins prompts, plus ou moins complexes. Respirer, se nourrir, se mouvoir, c'est anticiper. *Voir, c'est prévoir.* Toutes nos sensations, tous nos sentiments nous engagent dans ce qui n'est pas encore ; et même nos souvenirs et nos regrets : penser qu'une chose *a été*, c'est définir un temps futur qui doit l'exclure. L'avenir se confond en chacun de nous avec l'acte même de vivre. Un être est vivant pour autant qu'il vivra encore, ne fût-ce qu'un instant ; et ceci signifie à la réflexion que les circonstances qui nous entourent ne changeront pas excessivement dans cet instant suivant. La vie, en somme, n'est que la conservation d'un avenir.

Notre esprit, qui est vie, développe devant nous, selon toutes ses ressources de savoir, de logique et d'analogies, l'image toujours changeante du possible. Mais ce que nous savons le mieux et qui constitue la puissance de cette image, c'est ce que nous souhaitons et c'est ce que nous craignons. Notre avenir du moment est une invention de nos vœux, de nos besoins, de nos refus ou de nos répugnances, que nous tentons d'ajuster à la connaissance que nous avons de notre milieu et du monde qui nous entoure. Plus nous connaissons ce milieu, plus notre création perpétuelle de l'avenir, cette poésie intime qui se produit naturellement en tout homme venant en ce monde, se restreint, se réduit en se précisant. C'est pourquoi cette activité intérieure qui dépend de notre époque, de notre culture, de notre situation et de nos forces, dépend si grandement de notre *âge*, comme votre professeur vous l'a si clairement montré tout à l'heure. L'âge réel d'un homme pourrait se mesurer par l'exercice de la *fonction-Avenir* de son esprit.

En somme, nous ne pouvons nous empêcher de prévoir. Notre organisme est comme un système d'appareils de prévision automatiques. Chaque souffle espère. *Spiro, spero*. Chaque acte vital n'a pour ressort que sa conséquence. Et notre esprit ne fait que se transformer constamment en figures de ce qui peut être, de ce qui doit être ou ne doit pas être : il désire, il redoute, il devance : il se meut, en quelque sorte, autour du moment, comme une abeille autour de cette fleur du jour même, qu'Horace conseillait de cueillir : CARPE DIEM.

Mais voici qui est bien remarquable : s'il est de notre essence de prévoir, si notre action l'exige, il n'est pas moins essentiel que nous ne puissions prévoir exactement. Il faut que nous prévoyions ; mais il faut que cette prévision soit incertaine, et que nous la sachions telle. Nous ne pouvons pas nous concevoir privés de l'idée d'un temps suivant, et nous ne pouvons nous concevoir connaissant avec certitude la suite des événements futurs de notre vie, et la vivant, avant que de la vivre, comme on lirait la partition d'un ouvrage de musique avant que de l'entendre. L'idée seule de cette prescience est absurde. Peut-on se figurer un homme sans *l'espoir*, sans *l'hésitation*, sans toutes ces combinaisons du certain avec l'incertain, d'hypothèses, de doutes et des probabilités les plus différentes, qui constituent la plus grande part de notre activité mentale ?

Croyez donc bien, chers Jeunes Gens, que je n'ai pas prévu, bien longtemps avant votre naissance, que je dusse revenir un jour dans ce Collège, sous les apparences brodées d'un Membre de l'Institut.

Je n'avais assurément pas la moindre notion de l'existence de cet illustre Corps de l'État, le deux ou le trois octobre 1878, quand je suis monté jusqu'ici, la main dans la main de mon père ; assez anxieux, mais assez curieux de la suite de cette grande aventure, prêt à rire, et non loin de pleurer. Il me souvient encore des premières sensations de ma vie scolaire ! l'odeur spécifique des cahiers vierges et des moleskines cirées des cartables, le mystère des livres tout neufs, roides et presque impénétrables d'abord dans leur armure de colle et de carton ; mais qui deviennent assez vite des albums où la vie s'inscrit sous forme de taches, de figures étranges, de notes, de marques et de repères, parfois d'imprécations. Je ne prétends pas, Jeunes Gens, qu'il faille salir les livres pour leur donner l'air d'avoir vécu. Je ne tiens pas le moins du monde à me brouiller avec les Bibliophiles. Mais laissez-moi vous dire que rien ne touche plus le cœur d'un écrivain que de trouver couvert de notes – et même d'injurieuses notes, – bordé de traits, le dos rompu, et les pages cornées, quelque exemplaire de l'un de ses ouvrages. Le vrai lecteur, avouons-le, ne respecte que l'esprit.

Je me retrouve donc ici, après *cinquante-sept* ans que j'y suis entré, et il me semble reconnaître en moi, non seulement ces sensations du commencement des études organisées, mais plus profondément, les émotions enfantines et les réactions qui leur répondent dans l'être jeune offert aux incidents de la classe et de la cour. Dès l'entrée, il reçoit ses premières leçons de psychologie, de politique, de sociologie, dans ce milieu, qui a ses lois, ses rites, ses coutumes, et une curieuse diversité de hiérarchies : on y reconnaît, par exemple, une autorité musculaire et une autre intellectuelle, une valeur qui est attribuée par ses maîtres, et une autre par l'opinion des camarades. Elles ne coïncident pas toujours...

Il me souvient aussi de ces tâtonnements entre les sympathies et les antipathies au milieu de tant de nouveaux visages, qui sont nos premières expériences dans la connaissance des hommes ; et de ces impressions très intimes que nous apprenons à réprimer et qui nous gouvernent si impérieusement. Nous éprouvons les émois de l'infraction, les angoisses de la concurrence, la torture du problème inintelligible, du texte impénétrable, du mot qui manque à l'esprit, et toutes les agitations de la sensibilité par des circonstances dont la puérilité ne diminue point la puissance.

Même, la vie intérieure s'introduit, (ou du moins s'introduisait alors), dans l'âme de l'écolier, par certaine pénalité que l'adoucissement des mœurs a peut-être fait rayer de vos codes. Je ne vous cacherai pas qu'il m'est arrivé de passer ici quelques heures, le nez au mur et les bras croisés. Cette cure de silence et d'immobilité en station verticale, n'est sans doute plus à la mode, car toutes les bonnes choses se perdent. *Le Piquet* de jadis avait pourtant ses vertus. Se taire, quelle leçon !... Contenir les mouvements et les bonds qui naissent d'une jeune énergie et qu'il faut que l'esprit oblige à se résorber, quelle notion plus immédiate de la *durée*... Et la contemplation des accidents du badigeon de la muraille, quelle occasion de rêverie !...

Ainsi, le Revenant que je suis, sur cette colline, qui m'est chère à cause de vous et qui m'est sacrée à cause des morts, trouverait donc ici ce mélange de permanence et de changement qui nous permet, je vous l'ai dit, de prévoir en quelque mesure, – assez pour pouvoir agir ; pas assez pour nous réduire à l'automatisme.

Mais parmi ce qui a profondément et même terriblement changé, depuis mon temps, je trouve cette condition capitale de la vie des jeunes, qui est précisément l'idée qu'ils peuvent se faire de leur avenir.

Nous revenons par là à la philosophie de tout à l'heure, mais sous un tout autre aspect.

Que faites-vous ici, chers Camarades ? Vous y faites de la préparation à une vie. Mais une préparation suppose une conjecture. Tout enseignement implique une certaine idée de l'avenir et une certaine conception des êtres qui vivront ce lendemain.

C'est ici que les choses s'obscurcissent. Votre situation, je vous le dis, sans joie et sans ménagements, est bien plus difficile que ne le fut la nôtre. Votre destin personnel, d'une part ; le destin de la culture, d'autre part, sont aujourd'hui des énigmes plus obscures qu'ils ne le furent jamais.

Les études, jadis, conduisaient assez régulièrement à des carrières où la plupart arrivaient à s'établir. Entreprendre ses études, c'était, en quelque sorte, prendre un train qui menait quelque part (sauf accidents). On faisait ses classes ; on passait, quitte à s'y reprendre, ses examens ou ses concours. On devenait notaire, médecin, artilleur, avocat ou fonctionnaire, et les perspectives offraient à qui prenait quelqu'une de ces voies, déjà bien tracées et jalonnées, un sort à peu près sûr. Les diplômes, en ce temps-là, représentaient une manière de valeur-or. On pouvait compter sur le milieu social, dont les changements étaient lents, et s'effectuaient, d'ailleurs, dans un sens assez facile à pressentir. Il était possible, alors, de perdre un peu de temps aux dépens des études : ce n'était point toujours du temps perdu pour l'esprit, car l'esprit se nourrit de tout, et même de loisir, pourvu qu'il ait cet appétit où je vois sa vertu principale.

Hélas ! Jamais l'avenir ne fut si difficile à imaginer. À peine le traitons-nous en esquisse, les traits se brouillent, les idées s'opposent aux idées, et nous nous perdons dans le désordre caractéristique du monde moderne. Vous savez assez que les plus savants, les plus subtils, ne peuvent rien en dire qu'ils ne se sentent aussitôt tentés de se rétracter ; qu'il n'est de philosophe, ni de politique, ni d'économiste qui puisse se flatter d'assigner à ce chaos un terme dans la durée, et un état final dans l'ordre et la stabilité. Cette phase critique est l'effet composé de l'activité de l'esprit humain : nous avons, en effet, en quelques dizaines d'années, créé et bouleversé tant de choses aux dépens du passé, – en le réfutant, en le désorganisant, en refaisant les idées, les méthodes, les institutions, – que le présent nous apparaît comme une conjoncture sans précédent et sans exemple, un conflit sans issue entre des *choses qui ne savent pas mourir* et des *choses qui ne peuvent pas vivre*. C'est pourquoi il m'arrive parfois de dire sous forme de paradoxe : que la tradition et le progrès sont les deux grands ennemis du genre humain.

Le monde est devenu, en quelques années, entièrement méconnaissable aux yeux de ceux qui ont assez vécu pour l'avoir vu bien différent. Songez à tous les faits nouveaux, – entièrement nouveaux, – prodigieusement nouveaux qui se sont révélés à partir du commencement du siècle dernier.

Tenez, je vous ferai ici un petit conte pour bien accuser la pensée que je vous propose, et qui est, en somme, l'entrée du genre humain dans une phase de son histoire où toute prévision devient – par cela seul qu'elle est prévision – une chance d'erreur, une production suspecte de notre esprit.

Veuillez donc supposer que les plus grands savants qui ont existé jusque vers la fin du XVIIIe siècle, les Archimède et les Newton, les Galilée et les Descartes, étant assemblés en quelque lieu des Enfers, un messager de la Terre leur apporte une dynamo et la leur donne à examiner à loisir. On leur dit que cet appareil sert aux hommes qui vivent à produire du mouvement, de la lumière ou de la chaleur. Ils regardent ; ils font tourner la partie mobile de la machine. Ils la font démonter, en interrogent et en mesurent toutes les parties. Ils font, en somme, tout ce qu'ils peuvent… Mais le courant leur est inconnu, l'induction leur est inconnue ; ils n'ont guère l'idée que de transformations mécaniques. « À quoi servent ces fils embobinés ? » disent-ils. Ils doivent conclure à leur impuissance. Ainsi, tout le savoir et tout le génie humain réunis devant ce mystérieux objet, échouent à en découvrir le secret, à deviner le fait nouveau qui fut apporté par Volta, et ceux que révélèrent Ampère, Œrsted, Faraday et les autres…

(N'omettons pas, ici, de remarquer que tous ces grands hommes qui viennent de se déclarer incapables de comprendre la dynamo tombée de la terre aux enfers ont fait exactement ce que nous-mêmes faisons, quand nous interrogeons un cerveau, le pesant, le disséquant, le débitant en coupes minces et soumettant ces lamelles fixées à l'examen histologique. Ce transformateur naturel nous demeure incompréhensible...)

Remarquez aussi que j'ai choisi, dans mon exemple de la dynamo, des esprits de première grandeur, qui se trouvent réduits à l'impuissance, à l'impossibilité radicale de s'expliquer un appareil dont la conduite et l'usage sont familiers aujourd'hui à tant d'hommes et qui, d'ailleurs, sont devenus indispensables à la vie sociale.

Songez quel effort d'adaptation s'impose à une race si longtemps enfermée dans la contemplation, l'explication et l'utilisation des mêmes phénomènes immédiatement observables depuis l'origine !

En somme, nous avons le privilège, – ou le grand malheur, – d'assister à une transformation profonde, rapide, irrésistible, totale de toutes les conditions de la vie et de l'action humaines. Elle amorce sans doute un certain avenir, mais un avenir que nous ne pouvons absolument pas imaginer. C'est là, entre autres nouveautés, la plus grande, sans doute. Nous ne pouvons plus déduire de ce que nous savons, quelque figure du futur à laquelle nous puissions attacher la moindre créance. Nous ne voyons, de toutes parts, sur cette terre, que tentatives, expériences, plans et tâtonnements précipités dans tous les ordres. La Russie, l'Allemagne, l'Italie, les États-Unis sont comme de vastes laboratoires où se poursuivent des essais d'une ampleur jusqu'ici inconnue ; où l'on tente de façonner un homme nouveau ; de faire une économie, des mœurs, des lois et jusqu'à des croyances nouvelles. On voit partout que l'action de l'esprit créant ou détruisant furieusement, multipliant des moyens matériels d'énorme puissance, a engendré des modifications d'échelle mondiale du monde humain, et ces modifications inouïes se sont imposées sans ordre, sans frein ; et surtout sans égard à la nature vivante, à sa lenteur d'adaptation, à ses limites originelles. En un mot, on peut dire que l'homme, s'éloignant de plus en plus, et bien plus rapidement que jamais, de ses conditions primitives d'existence, il arrive que *tout ce qu'il sait*, c'est-à-dire *tout ce qu'il peut*, s'oppose fortement à ce *qu'il est*.

Et alors, que voit-on à présent ? Que constate chacun de nous dans sa propre existence, dans les difficultés qu'il trouve à la soutenir, dans l'incertitude croissante du lendemain ? Chacun de nous sent bien que les conditions se font de plus en plus étroites, de plus en plus brutales, de plus en plus instables – tellement que, au sein de la civilisation la plus puissamment équipée, la plus riche en matière utilisable et en énergie, la plus savante en fait d'organisation et de distribution des idées et des choses, voici que la vie individuelle tend à redevenir aussi précaire, aussi inquiète, aussi harcelée, et plus anxieuse, que l'était la vie des lointains primitifs. Les nations elles-mêmes ne se comportent-elles point comme des tribus étrangement fermées, naïvement égoïstes ?

Tout ceci rend poignante et pleine de dangers la contradiction qui existe à présent entre les diverses activités de l'homme ; la nature matérielle lui est de plus en plus soumise : il a profondément transformé ses notions du temps, de l'espace, de la matière et de l'énergie. Mais il n'a presque rien su reconstruire dans l'ordre spirituel et social. Le monde moderne, qui a prodigieusement modifié notre vie matérielle, n'a su se faire ni des lois, ni des mœurs, ni une politique, ni une économie, qui fussent en harmonie avec ces immenses changements, ses conquêtes de puissance et de précision.

Le malaise actuel me paraît donc être une crise de l'esprit, une crise des esprits et des choses de l'esprit. Nos esprits sont pénétrés d'habitudes que les bouleversements rapides des dernières années ont déconcertées sans les détruire ; et nous portons aussi le poids des erreurs sur l'avenir commises par les hommes qui nous ont précédés et qui peut-être ne pouvaient guère ne pas les commettre.

En voici un exemple qui me paraît bien significatif.

En 1881, Bismarck est au faîte de sa gloire et de son autorité. Il est en vérité l'arbitre, presque le maître de l'univers politique. Il convoque à Berlin un congrès où tous les ministres des affaires étrangères d'Europe sont appelés. Il s'agit de régler le sort de l'Afrique et le partage des terres encore libres ou disputées qui s'y trouvent. *Bismarck n'exige rien pour son pays*. Il suggère à la France d'étendre sa domination sur la Tunisie. Il donne le plus riche morceau de l'Afrique, le Congo, le Katanga, à Léopold II, roi des Belges. Il ne lui vient pas à l'esprit que dans fort peu d'années l'Allemagne exigera des colonies et s'engagera bientôt dans une politique d'expansion mondiale qui conduira fatalement à la guerre et à la ruine de son œuvre.

C'est que Bismarck, quel que fût son génie et sa faculté de prévoir, était à son insu dominé par une vision des choses formée, et comme solidifiée, par son éducation. Il voyait l'Europe et le monde selon l'histoire et la science politique et économique qu'il avait apprises dans la première moitié du XIXe siècle. Il a agi selon sa jeunesse.

Mais cette considération, mes Amis, me ramène au Collège et à vous. Me sera-t-il permis de songer un peu à ce que vous faites ? Et puis-je faire réflexion sur l'Enseignement ?

Que va dire M. le Ministre de l'Éducation si je me mêle de ses affaires ? L'ancien élève Roustan est sans doute un vieil ami de l'ancien élève Valéry. Le ministre et l'académicien se rencontrent assez souvent dans les solennités dont la solennité ne les empêche pas de se sourire, – et dans ce sourire, chers Camarades, croyez bien que le souvenir du vieux collège entre pour quelque chose. Nous nous revoyons ici même.

Puis-je donc avancer ici très timidement certaines vues hardies ? Puis-je penser tout haut, sans risquer de choquer M. le Recteur, (qui a bien voulu venir de Montpellier assister à cette cérémonie), ni MM. les Doyens, et ni M. le Principal du Collège, ni M. le Maire, qui ont pris l'initiative dangereuse de m'appeler ici pour que j'y prenne la parole ?

Mais non... Que tout le monde se rassure. Je ne dirai pas que tout notre enseignement exige une réforme des plus profondes. Ce serait l'opinion d'un profane, d'un amateur, et il faut se garder de ces gens-là. Il ne faut écouter jamais que les hommes compétents, qui sont les hommes qui se trompent dans toutes les règles. Voyez encore Bismarck deux fois nommé.

Je dirai seulement, sur cette question si délicate de l'Enseignement, ce que je pense à l'occasion de toute question actuelle. Tout doit, ou devrait, dépendre de l'idée que l'on peut se faire de l'homme, l'homme d'aujourd'hui, ou plutôt l'homme prochain, l'homme qui est en vous, mes chers Jeunes Gens, qui grandit et se forme en vous. Cette idée, où est-elle ? Si elle est, j'avoue ne pas la connaître. Est-elle le principe des programmes en vigueur ? Constitue-t-elle l'âme des méthodes ? Est-elle, (si elle est), la lumière de ceux qui forment nos professeurs ? Je le souhaite. Je l'espère. Mais si elle n'est pas, si, (comme quelques mauvais esprits le prétendent), notre enseignement participe de notre incertitude générale, et n'ose pas considérer qu'il s'agit de faire de vous des hommes prêts à affronter *ce qui n'a jamais été*, alors ne faut-il pas songer à cette réforme profonde dont je parlais tout à l'heure, – discrètement ?

N'oublions pas que la concurrence la plus pressante est une des dures conditions du temps actuel. Jusque dans la science, jusque dans les sports les nations se disputent chaque jour la prééminence. Cette lutte existe aussi dans la formation de la jeunesse, et il est hors de doute que cette formation aura les plus grandes conséquences. Or, les hommes de demain, en Europe, qui sont les enfants et les adolescents d'aujourd'hui, se divisent en groupes bien différents. Dans trois ou quatre grands pays, la jeunesse tout entière est soumise à un traitement et à un entraînement de caractères très divers, quant aux doctrines, mais tout à fait comparables quant au dessein de faire des hommes adaptés à une structure sociale et à des fins nationales bien déterminées. *L'État se fait ses hommes*. Je ne crois pas que la culture y gagnera. Mais je considère que nous ne pouvons pas ne pas observer que nos enfants se trouveront demain en face de ces hommes nouveaux ; façonnés, dressés selon des plans systématiques, et constituant des populations d'éducation homogène, adaptées à l'économie et aux conditions de la vie moderne. J'ai grand peur que la liberté de l'esprit et les productions les plus délicates de la culture ne pâtissent de ce forcement des intelligences ; mais c'est là un fait considérable, que je ne puis m'empêcher de voir, et sur lequel je crois bon que nous méditions un peu, nous autres Français.

Toutefois ne croyez pas que je désespère le moins du monde. Je connais nos ressources, que nous avons assez montrées, il n'y a pas si longtemps. Je voudrais seulement que nous les mettions en œuvre avec plus de suite, et non seulement sous la pression des dangers.

Je voudrais, Jeunes Gens, que vous sentiez vos forces. Votre éducation aura donné son fruit le plus précieux, si vous parvenez à donner à ces connaissances très diverses que vos excellents maîtres vous enseignent, à ces auteurs que l'on vous explique, quelque valeur toute personnelle. Ce n'est pas tant la quantité du savoir qui importe, que la part que vous lui donnez en vous. Votre affaire et votre intérêt, est de vivifier toute cette matière intellectuelle. Un peu de savoir et beaucoup d'esprit, beaucoup d'activité de l'esprit, voilà l'essentiel.

Et puis, regardez par-dessus les toits : vous avez une grande chance, dans ce Collège. Si vos yeux s'élèvent du livre ou du cahier, ils se posent sur la mer. Quant à moi, je dois beaucoup à ce regard de mes premières années d'élève de ce Collège. J'ai eu, moi aussi, la chance d'avoir, comme à la disposition de ma distraction, la vue de cette mer et de ce port tourné vers l'Orient. Il m'arrive parfois d'en parler fort loin d'ici, dans mes conférences à l'étranger ; et l'on me demande assez souvent : Qu'est-ce que Sète ?

Je suis d'abord assez vexé de la question. Mais je reprends bientôt ce sentiment.

Eh bien, me dis-je, je vais leur enseigner ce que c'est que Sète. Et je commence tout un poème descriptif où je ne leur épargne rien de ce que nous observons et aimons dans notre ville. Je leur dis que nous habitons une Île singulière, qui se rattache tout juste au continent par deux bandes de sable fin. Que nous régnons d'une part sur la mer ; de l'autre, sur un lac salé, que des Phéniciens sans doute baptisèrent THAU, que nous buvons, (quand nous buvons de l'eau), une eau venue de loin, d'une source dont le nom est indéchiffrable, personne n'ayant expliqué le mystère de l'Issanka ; que nous avons ici l'art consommé de produire les meilleurs vins du monde, par magie, – qu'il n'y a pas dans toute la Méditerranée de bateaux de pêche aussi forts, aussi beaux que les nôtres ; et que rien au monde n'est plus gracieux que la gerbe des antennes de nos bœufs, quand ils sont tous à quai, bordant le port vieux jusqu'au môle.

Je leur dis bien d'autres choses encore dans le style d'Hérodote. Mais vous les savez aussi bien que moi. Vous les savez, mais peut-être n'y songez-vous pas assez souvent et assez attentivement. J'étais comme vous. Je ne voyais pas ce que je voyais. Mais les circonstances m'ayant fixé loin de Sète depuis nombre d'années, j'ai observé souvent que ma pensée ne pouvait s'approfondir quelque peu, que je ne retrouve au fond de moi quelque impression d'origine toute sétoise. Croyez bien, mes Enfants, que toute pensée a son port d'attache, et que si vieil académicien qu'on soit, il suffit de réfléchir pour retrouver quelque heure primitive et décisive de la formation de sa pensée… Je ne veux pas dire qu'il suffise de réfléchir pour rajeunir… Ce serait trop beau. Je dis que si, d'événements en événements, et d'idées en idées, je remonte le long de la chaîne de ma vie, je la retrouve attachée par son premier chaînon à quelqu'un de ces anneaux de fer qui sont scellés dans la pierre de nos quais. L'autre bout est dans mon cœur.

Variété IV,

« Mon travail ne valait rien si, en même temps qu'il me nourrissait matériellement, il ne me faisait point être "de" quelque chose »

Antoine de Saint-Exupéry

Discours prononcé à de jeunes Américains, en décembre 1941, alors que Saint-Exupéry se trouve aux États-Unis pendant la Seconde Guerre mondiale.

Dorothy Thompson m'a demandé de vous dire quelques mots et j'en ai été heureux. Je n'ai pas l'impression ici d'être un auteur qui parle dans l'abstrait à un public. Il me semble m'asseoir simplement parmi vous, qui êtes des jeunes gens de bonne volonté, en camarade, et me pencher avec vous sur un des problèmes qui nous tiennent à cœur. Et surtout je vous parle ici comme j'aimerais parler à ceux de chez moi. Ils sont loin. Soyez mes amis.

Vous êtes en guerre. Vous êtes jeunes. Vous vous préparez à travailler et à vous battre pour votre pays. Mais il s'agit, vous le savez, de plus encore que du sort de votre pays. C'est le sort du monde qui est en jeu. Et vous vous préparez à travailler et à vous battre pour la liberté dans le monde.

Si vous n'étiez que des soldats je vous parlerais comme à des soldats. Je vous dirais : « Laissez de côté tous les problèmes. Il n'en est plus qu'un : celui des armes. » Mais vous êtes jeunes et votre responsabilité est plus lourde encore que celle des soldats. Elle est double. Vous vous préparez à combattre pour la liberté. Mais cette liberté vous avez aussi à l'éclairer et à la bâtir.

Les mots s'usent chez les hommes, et perdent leur sens. Les théories scientifiques s'usent. Les formules sociales s'usent. C'est la rançon de la marche en avant de l'homme. Si vous ne voulez pas vivre d'une pensée morte, il vous faut perpétuellement la rajeunir. Or la liberté n'est pas un problème qui se puisse séparer des autres. Car pour que l'homme soit libre, il faut d'abord que ce soit un homme. Ainsi, au fond de tous les problèmes, c'est le problème de l'homme que vous rencontrerez.

Or la notion de liberté peut prendre des significations bien diverses. Ce peut être la liberté de vous retrancher de vos coutumes, de rompre avec vos traditions, de vous désintéresser de la communauté, dans la mesure où vous ne lésez pas autrui. Vous pouvez dire : « La liberté de l'individu s'arrête là où cette liberté lèse le prochain. » Et vous ne lésez point votre prochain si votre vie sociale se borne aux échanges nécessaires, tels que celui de votre travail contre du pain. Vous n'avez reçu que votre dû. Rien n'eût été changé par votre absence. Mais il se trouve que votre absence, si elle ne lèse pas le prochain, lèse la communauté, car elle est moins riche sans vous. Il convient d'enrichir la communauté parce qu'elle seule à son tour enrichit l'homme. On est l'homme d'une patrie, d'un métier, d'une civilisation, d'une religion. On n'est pas un homme tout court. Une cathédrale est faite de pierres. Les pierres composent la cathédrale. Mais la cathédrale ennoblit chacune des pierres. Elles deviennent « en » quelque chose. On n'est pas frère tout court. Les hommes ont soif de se trouver un lien. Ce lien peut être particulier. Les bossus peuvent fonder la secte des bossus. Quiconque n'est pas bossu en est exclu. Mais l'orgueil de la civilisation chrétienne, dont nous sommes issus, et que tous, croyants ou incroyants, nous faisons nôtre, est de chercher ce lien dans l'universel.

Le nazisme s'efforce de définir l'Allemand, ou, plus difficilement, l'Aryen, pour en faire l'objet d'une religion exclusive. Nous cherchons à définir l'homme pour en faire la nôtre. Toute notre civilisation, avant tout, a cherché à définir l'homme. Lorsque vous exigez du médecin le plus célèbre et le plus utile que, malgré son importance, il risque sa vie pour un contagieux quelconque, vous soumettez la personne de ce médecin, non à un autre individu, mais à l'homme, dont le contagieux quelconque, aussi peu intéressant qu'il puisse être par lui-même, est alors le représentant. Si vous voulez purifier le mot Démocratie de tous les malentendus qui en embrouillent le visage, dites-vous que le respect de la liberté s'y définit par le respect de l'homme, et que pour y apporter la fraternité il convient de fonder la communauté des hommes non sur l'exaltation des individus mais sur la soumission des individus au culte de l'homme.

Eh bien, cette construction d'un être plus vaste que vous, qui à son tour vous enrichira de ce qu'il existe, il n'est qu'un moyen de le fonder.

Un seul. Les plus vieilles religions l'ont découvert, bien avant nous. Il est la base même de tout esprit religieux. De tout esprit social. Il est, si vous voulez, le « truc » essentiel. Et ce truc on l'avait un peu oublié depuis le progrès matériel. Ce truc c'est le sacrifice. Et par sacrifice je n'entends pas le renoncement aux biens de la vie, ni le désespoir dans la pénitence. Par sacrifice, j'entends le don gratuit. Le don qui n'exige rien en échange. Ce n'est pas ce que vous recevez qui vous fonde. C'est ce que vous donnez. Ce que vous donnez à la communauté fonde la communauté. Et l'existence d'une communauté enrichit votre propre substance.

Or, voyez-vous, la nécessité impérieuse où s'est trouvée l'humanité d'arracher l'homme à l'esclavage, en lui assurant le fruit de son travail, a fait porter l'attention sur le travail valeur d'échange. Sur le travail marchandise. Mais nous ne devons pas oublier qu'un des aspects essentiels du travail n'est pas le salaire qu'il procure à l'homme, mais l'enrichissement spirituel qu'il lui apporte. Un chirurgien, un physicien, un jardinier ont plus de qualité humaine qu'un joueur de bridge. Une part du travail nourrit et l'autre fonde : c'est le don au travail qui fonde.

Dorothy Thompson vous invite ainsi à donner. Elle vous invite à fonder votre communauté. Quand vous rentrerez les moissons, sans salaire, pour le bien des États-Unis en guerre, alors vous contribuerez à fonder la communauté des États-Unis. Et ainsi votre fraternité.

Je voudrais dire ma propre expérience :

J'ai vécu durant huit années la vie de pilote de ligne. J'ai touché un salaire. Je pouvais chaque mois me procurer quelques-uns des biens souhaités, avec l'argent de mon salaire. Mais si mon travail de pilote de ligne ne m'avait rien assuré d'autre que ces avantages quelconques, pourquoi l'aurais-je tant aimé ? Il m'a donné bien plus. Mais il me faut reconnaître qu'il m'a enrichi véritablement, là seulement où j'ai donné plus que je n'ai reçu. Les nuits qui m'ont augmenté ne sont point celles au cours desquelles je dépensais cet argent du salaire, mais celles où vers deux heures du matin, à Buenos Aires, à l'époque où l'on fondait les lignes, quand je venais de m'endormir épuisé par une série de vols qui m'avaient tenu trente heures sans dormir, un coup de téléphone brutal, dû à quelque accident lointain, me tirait du lit : « Il faut que tu montes au terrain… il faut filer vers le détroit de Magellan… » Et je me tirais de mon lit, dans le froid de l'hiver, en maugréant. Je me remplissais de café noir pour ne pas trop dormir en pilotant. Puis, après une heure de voiture à travers la boue de chemins provisoires et défoncés, je débarquais au terrain et retrouvais les camarades. Je serrais des mains sans rien dire, mal réveillé encore, grincheux, noué par ces rhumatismes que l'hiver fabrique après deux nuits blanches... Je faisais lancer les moteurs. Je lisais les prévisions météo comme un compte rendu de corvées : les orages, le givre, la neige... et je décollais dans la nuit, vers un petit jour douteux.

Or quand je pèse le dépôt que les événements de ma vie ont laissé dans mon cœur, je découvre que compte seul le souvenir de ces corvées. Leur trace lumineuse me surprend. Je me souviens du goût de cette fraternité d'armes dans les dernières heures de la nuit. Ces mains serrées en maugréant, voilà que je reconnais avec surprise qu'elles ont laissé en moi la trace puissante d'un souvenir d'amour. Les recherches de camarades perdus, les dépannages en dissidence[1], l'excès de fatigue, cette part d'action que rien ne payait, je découvre que c'est d'abord elle qui m'a fait naître, même si dans l'instant je n'ai pas compris son pouvoir. Quant au souvenir des nuits où j'usais ma solde, il n'est plus que cendre.

De mon travail, je n'ai jamais rien reçu qui comptât quand il n'était qu'objet d'échange au tarif kilométrique des pilotes de ligne. Mon travail ne valait rien si, en même temps qu'il me nourrissait matériellement, il ne me faisait point être « de » quelque chose. S'il ne me faisait point pilote « d'une » ligne, jardinier « d'un » jardin, architecte « d'une » cathédrale, soldat « d'une » France. Si nos créations de lignes nous enrichissaient le cœur, c'est à cause des dons quelles exigeaient de nous. La ligne naissait de nos dons. Une fois née, elle nous faisait naître. Si aujourd'hui je retrouve un camarade, je puis lui dire : « Te souviens-tu ?... » C'était une époque merveilleuse puisque noués par les mêmes dons, nous nous aimions les uns les autres.

Antoine de Saint-Exupéry.

« Message aux jeunes Américains », in *Écrits de guerre*,

1. *Allusion à la zone de dissidence maure du Rio de l'Oro, où les pilotes en panne entre Casablanca et Dakar couraient un danger. Saint-Exupéry évoque ici la période où il fut chef d'aéroplace à Cap Juby (1927-1929).*

« Si vous cherchez la joie, cherchez la joie la plus haute »

Maréchal de Lattre de Tassigny

Discours prononcé à l'occasion de la distribution de prix du lycée Chasseloup-Laubat, à Saigon, le 11 juillet 1951.

Mes jeunes amis,

Le discours modestement dit « d'usage » que vous venez d'entendre, constitue le dernier sacrifice exigé d'un de vos professeurs. Après vous avoir fait travailler pendant toute une année, l'on vient doctement vous apprendre à ne rien faire pendant trois mois.

L'usage, en fait, s'est transformé. De mon temps les éducateurs se croyaient tenus à des conseils aussi vertueux et aussi vains que ceux de Polonius au départ de Laërte. Aujourd'hui – plus sagement, plus simplement – l'on vous convie à ce que vous cherchez déjà de vous-même : la joie sous toutes ses formes. Recommandation superflue à votre égard, présomptueuse même de la part d'adultes que la vie a plus ou moins meurtris et qui tendent désormais vers la joie plus qu'ils ne la sentent en eux-mêmes. Un jour viendra peut-être où ce sera un élève qui aura la charge, au seuil des vacances, de discourir sur la joie de vivre, et de remettre aux professeurs la clef des champs. Et ce sera justice.

Car, nous les grandes personnes, nous avons perdu la saveur et parfois jusqu'au sens même des vacances. Nous ne savons « vaquer » qu'à nos occupations habituelles (il arrive même que certains d'entre nous – on prétend que c'est mon cas – ne savent plus se reposer et empêchent les autres de dormir).

Mes enfants, il faut nous excuser car nous n'avons personne pour disposer notre vie aussi heureusement que nous avons pu régler la vôtre. Pourquoi ? Parce que la vie humaine est brève, l'âge adulte ne couvre, entre l'enfance et la vieillesse, que l'espace d'une génération ; et ce que vos parents font pour vous, les parents de vos parents ne peuvent déjà plus le faire pour eux.

Vous êtes des privilégiés sur le plan social

Vous êtes ainsi, mes chers amis, les grands bénéficiaires de cet ordre humain qui est la civilisation même et qui permet aux petits des hommes, au lieu d'avoir à gagner immédiatement leur vie, d'apprendre pendant des années et d'interrompre régulièrement pendant des mois cet apprentissage lui-même.

Vos vacances sont le produit net, le solde positif, le bénéfice sûr de ce que certains économistes ont appelé la plus-value. C'est parce que dans la société actuelle, votre famille ou l'État ont pu accumuler des réserves, que vous pouvez pendant longtemps dépenser sans rien produire. Vous êtes des privilégiés sur le plan social et, puisque le privilège confère toujours un devoir, n'oubliez pas – en ce jour faste où vous allez entrer dans le loisir pur – de méditer à cet égard la parole d'un grand écrivain catholique que vous ne connaissez peut-être pas : Léon Bloy : « Tous les sophismes du monde ne changeront rien à ce mystère que la joie du riche a pour substance la douleur du pauvre. »

Le Vietnam est en guerre

Vous êtes des privilégiés en un autre sens, d'une manière plus particulière, pour une raison simple que l'on n'ose pas toujours dire car on a plus peur des mots que des choses : c'est que le Vietnam est en guerre. Vos études et vos vacances ne sont possibles que parce qu'il y a beaucoup de jeunes hommes Français et Vietnamiens qui ont renoncé à l'étude comme au repos pour combattre et pour mourir : beaucoup de jeunes Français dont la vocation n'était pas de tomber sur le sol de votre pays ; beaucoup de jeunes paysans de chez vous qui ne semblaient pas destinés à donner l'exemple des plus pures vertus guerrières. C'est leur sang à tous, qui irrigue cette oasis de paix et de liberté où vous vivez à l'aise, en plein milieu d'un monde desséché par la violence et déchiré par la fatalité.

Un cap à franchir

C'est là une constatation, non un reproche. Il est normal que vous mettiez du temps à vous instruire, car « il est long – Goethe l'a dit – d'apprendre à faire la moindre chose de la façon la plus grande ». Vous avez le droit et le devoir de préparer votre avenir lointain dans le cadre de ce que sera demain votre pays. À une condition toutefois, c'est que ce pays soit capable de franchir le cap de l'avenir immédiat. Car il y a certains grands moments dans l'histoire des peuples où la jeunesse – qui incarne le futur – doit aussi prendre en mains le présent. Quand un pays est assis à l'ombre de la mort, il faut que sa jeunesse – comme cette fleur merveilleuse qui éclot la nuit du Têt – il faut que sa jeunesse sache aussitôt fleurir et porter son fruit avant que renaisse la lumière.

Le patrimoine sacré

N'est-ce pas le cas ici maintenant ? De la vieille terre du Vietnam, fécondée par tant de guerres d'indépendance, il me semble que monte aujourd'hui, dans l'ombre menaçante de la barbarie, un appel aux forces vives de la jeunesse. Hung-Dao, Prince de la « vertu restaurée », Nguyên-Trai, tous les héros libérateurs que ce pays suscita l'un après l'autre pour son salut, c'est à la jeunesse du Vietnam tout entière qu'ils confient le patrimoine sauvé jadis par leur valeur.

Et moi qui ai connu et aimé la jeunesse de beaucoup de nations, je dis que la jeunesse de ce pays est à la mesure de cette confiance et des exigences de l'histoire. Jeunesse laborieuse et ardente, habile et orgueilleuse, ambitieuse et enthousiaste, jeunesse affinée par les siècles et passionnée de nouveauté, jeunesse sensible prête à être emportée par une grande cause, en vérité la génération qui atteint aujourd'hui l'âge d'homme au Vietnam a en elle toutes les qualités exceptionnelles que réclame immédiatement l'exceptionnelle conjoncture d'aujourd'hui.

Il faut choisir

Pour que cette jeunesse aille au but, il suffit qu'elle parte dans le bon sens, qu'elle évite les chicanes qui retiennent quelques-uns de ses aînés, qu'elle ne tombe pas dans les ornières où ils se sont affalés comme un poids mort. Car il y a, mes amis, vous le savez « dans ce qu'on est convenu d'appeler l'élite » quelques éléments impuissants et stériles qui ont perdu la foi dans votre pays. La défaillance de quelques-uns ne fait qu'accroître l'importance de votre rôle. Leur erreur est trop grossière pour que vous la partagiez.

De l'indépendance formelle à l'indépendance réelle

À la base de leur attitude, il y a d'abord une conception mythique de l'Indépendance. Une partie de l'élite du Vietnam se représentait cette Indépendance comme une vaste distribution des prix : plus ou moins réussie certes (on eût aimé que les livres de prix fussent beaux) mais débouchant, en tout cas, sur de grandes et merveilleuses vacances. On découvre maintenant avec peine qu'il y a des devoirs de vacances en quantité, et au bout du compte un difficile examen de passage : la guerre.

Voulez-vous une autre image ? L'Indépendance reconnue par des textes – si solennels soient-ils – n'est qu'une maison de papier ; quand vient l'orage, il faut étayer cette maison, la recouvrir, la monter sur pilotis ; or en temps de guerre, les pilotis, ce sont des soldats.

Condamnation de l'attentisme

Ces malheureux auraient voulu avoir l'Indépendance sans la guerre. Cette guerre est pour eux une réalité gênante qu'ils s'efforcent d'oublier le plus possible, un terme néfaste qu'ils s'abstiennent même de prononcer, comme si en évitant le nom, on pouvait écarter la chose. Une jeunesse, comme la vôtre, éprise de liberté regrette sans doute elle-même quelquefois de n'arriver à l'âge d'homme que pour se trouver « embarquée » dans une grande aventure qu'elle n'a pas choisie, au lieu de pouvoir fabriquer et goûter à loisir les mille petits problèmes personnels et inoffensifs dans lesquels peut se complaire, en temps de paix, l'adolescence.

Avec de tels sentiments – et quelques intérêts bien compris – l'on devient un attentiste ; on profite abondamment – en parasite – de l'ordre maintenu par le Gouvernement légitime et l'Armée de l'Union française, et l'on fait pénitence pour tout ce confort matériel et intellectuel que l'on ne voudrait pas perdre, en manifestant une réprobation de bon aloi envers les autorités protectrices et une vertueuse sympathie en faveur des rebelles.

La véritable « Résistance »

Par un mirage étrange, on prétend voir en eux la Résistance, comme si le parti de l'étranger et de l'oppression avait le droit d'usurper ce titre réservé aux forces véritablement nationales qui incarnent la volonté de vivre d'un peuple libre.

Soyez des hommes

Au nom des soldats de la France, au nom de l'avenir du Vietnam, au nom de l'idéal dont la jeunesse est dépositaire, au nom de la jeunesse même de ce pays qui se bat, devant ces petits calculs et cette honorable lâcheté, je dis à de telles gens et vous leur direz avec moi : « Non ! C'est la guerre ! Soyez des hommes ! »

Soyez des hommes, c'est-à-dire : si vous êtes communistes, rejoignez le Vietminh ; il y a là-bas des individus qui se battent bien pour une cause mauvaise. Mais si vous êtes des patriotes, combattez pour votre patrie, car cette guerre est la vôtre. Elle ne concerne plus la France que dans la limite de ses promesses envers le Vietnam et de la part qu'elle doit prendre à la défense de l'univers libre. D'entreprise aussi désintéressée il n'y en avait pas eu, pour la France, depuis les croisades. Cette guerre, que vous l'ayez voulue ou non, est la guerre du Vietnam pour le Vietnam. Et la France ne la fera pour vous que si vous la faites avec elle.

Liberté ou servitude

Aussi, jeunes Vietnamiens qui allez quitter le lycée, ne vous perdez derrière aucun des prétextes que vous inspireront peut-être l'égoïsme familial et la propagande ennemie. Soyez à la hauteur de l'Indépendance de votre pays et des lourdes responsabilités qui en rejaillissent sur vous. Car l'Indépendance ne résout pas les problèmes ; elle les pose à nouveau ; elle en pose de nouveaux et elle oblige à les résoudre. L'Indépendance, qu'est-ce sinon ce qui permet à une nation de choisir librement entre la liberté et la servitude, ce qui rend les citoyens responsables du destin de leur pays ?

Interdépendances fécondes et dépendances funestes

Ne tombez pas cependant d'un extrême à l'autre : si l'Indépendance ne peut pas tout, ne croyez pas qu'elle ne soit rien. Certains prétendent que le Vietnam ne peut être indépendant parce qu'il fait partie de l'Union française. Mensonge ! Dans l'univers, et particulièrement dans le monde d'aujourd'hui, il ne peut y avoir de nations absolument indépendantes. Il y a seulement des interdépendances fécondes et des dépendances funestes. Sans l'appartenance à l'Union française, le Vietnam, malgré son fier passé, ne serait-il pas aujourd'hui un satellite de la Chine, et n'est-ce pas la preuve que la solidarité de l'Union française est une force de liberté ?

Faites l'Armée nationale

D'autres parmi vous déclarent que le Vietnam ne peut être indépendant à cause de la présence de l'Armée française. Et à cause de cela même, ils s'abstiennent de s'engager dans l'Armée vietnamienne. Ils vont ainsi à l'encontre du but cherché. Car l'Armée nationale est l'expression même de l'Indépendance du Vietnam ; et le Vietnam sera d'autant plus indépendant qu'il aura une armée plus nombreuse, et je ne cesse de le dire, une armée encadrée par des officiers vietnamiens, qui relèvera progressivement l'Armée française des tâches primordiales que celle-ci assume aujourd'hui. Or, le développement de cette Armée nationale est essentiellement conditionné par la multiplication des cadres nécessaires que vous seuls, pouvez fournir. Quand il y aura des milliers d'officiers ayant l'âme et la trempe du lieutenant Dinh, hier bachelier du lycée d'Hanoi, mort glorieusement à vingt-deux ans à la tête de sa compagnie au combat de Lê-Xa, alors le Vietnam sera totalement indépendant. Mais cette Indépendance, elle ne relève pas de la France, elle relève de l'élite du Vietnam.

Au commencement était l'action

D'autres jeunes intellectuels enfin, souffrant du défaut de tous les intellectuels du monde qui est la difficulté à s'engager, le refus de l'option, trouvent une troisième raison pour se dérober. Ils allèguent qu'il n'existe pas de ce côté-ci de la barricade la mystique nécessaire pour combattre un ennemi fanatique. Cela encore est un prétexte et un faux alibi. La jeunesse ne serait pas la jeunesse si elle avait besoin d'autre mystique que son propre enthousiasme, son espérance, son amour de la liberté. Chez le Vietminh lui-même, il n'y a pas plus, car le marxisme – c'est Lénine qui l'a dit – « n'est pas un dogme, mais un guide pour l'action ». Entrez vous-mêmes dans la voie de l'action, vous y trouverez vos guides. Allez de l'avant dans le sens du devoir national, et la mystique vous viendra avec les œuvres.

Le Vietminh vous trompe

Qu'y a-t-il au fond, derrière tous ces sophismes ? Il y a le Vietminh. Depuis plus de cinq ans, drapé dans un nationalisme éclatant comme un habile torero dans sa cape de lumière, le Vietminh joue un jeu féroce contre le vaillant peuple de ce pays : il l'a aveuglé dans le scintillement de ses feintes, il l'a étourdi par le tumulte de ses cris. Il l'a envoûté dans la magie de ses mensonges. Et c'est ainsi que ce peuple au sang pur « le peuple impulsif, ardent, généreux du Vietnam » au lieu de s'attaquer à son ennemi véritable, le meneur de jeu communiste acharné à son asservissement, à sa mort, a été pendant cinq ans manœuvré, détourné, égaré vers des ennemis imaginaires.

Comment les patriotes peuvent-ils accepter d'être de vulgaires outils entre les mains d'un mouvement, dont le chef Staline a ouvertement admis que la « question nationale » n'est qu'une partie de la question générale de la révolution prolétarienne, une partie de la question de la dictature du prolétariat ?

Sa Majesté Bao-Dai et le Président Huu vous ont montré la voie

Pour vous en particulier, jeunesse intellectuelle du Vietnam, l'œuvre urgente consiste donc d'abord à faire l'effort d'examen et d'analyse nécessaire afin de juger la situation telle qu'elle est. Cette lucidité est la première, et elle est aussi la suprême forme du courage. Votre Gouvernement vous en a donné l'exemple à Vinh-Yên. Et l'homme qui a prononcé ce discours historique du 19 avril, grand tournant de la politique du Vietnam, il est parmi nous ce matin et tous vous sentez la fierté de compter le Président Huu parmi vos anciens. Vous le suivrez, comme il suit lui-même le Chef de l'État, et je ne saurais assez vous redire ce que j'affirmais le 2 juillet à Mytho : « C'est dans la fidélité à l'idée que représente S. M. Bao-Dai, que se trouve votre vérité. »

Il vous faut admettre que vous arrivez à l'âge d'homme à l'heure où l'existence même de votre pays est en jeu. Il vous faut comprendre que le Vietnam, parce qu'il est indépendant, est le maître de son destin, et que la Jeunesse du Vietnam, parce qu'elle est la jeunesse, en est responsable.

La voie ascendante

Certes, on ne choisit pas totalement son destin, on ne se donne pas le choix qu'on aura à faire, mais on choisit entre deux partis donnés. Ainsi, vous, la jeune élite du Vietnam, vous n'êtes pas libres de refuser le dilemme qui se pose aujourd'hui à votre pays : lutter pour être libre, ou accepter l'esclavage ; mais vous êtes libres de choisir la voie ascendante, celle de l'honneur, du devoir et de l'effort, ou au contraire celle de l'inaction, de la fuite, de la démission.

Comment la jeunesse, quand elle sent monter en elle la vie, ne choisirait-elle pas pour vivre le chemin le plus haut ?

L'enjeu de la lutte

La décision, mes jeunes amis, découle tout naturellement de la culture dont vous vous êtes imprégnés pendant des années.

La culture véritable n'est pas une évasion dans l'imaginaire ; elle est l'enrichissement, l'affermissement de la personne, la mise à sa disposition d'une armature, d'un armement pour les luttes de l'existence. Elle n'est pas faite pour elle-même, elle est faite pour l'homme et pour la vie. Et rien n'est plus triste que le spectacle de l'étudiant vieilli sur ses livres, prisonnier volontaire dans les labyrinthes de la connaissance, qui évite sans cesse d'en trouver et d'en ouvrir la porte qui mène vers le monde.

La vraie culture, « celle que vous avez reçue », est celle qui donne des raisons de vivre : et les raisons de vivre sont autant de raisons de mourir pour sauver ce qui donne un sens à la vie. Vous qui avez reçu l'héritage de centaines de générations d'hommes, regardé l'homme se développer à travers son histoire dans une aspiration continuelle à la justice et à la liberté, ne sentez-vous pas maintenant en vous un grand idéal, le goût d'une certaine qualité humaine, l'exigence de la dignité de l'homme, la volonté d'un régime social qui lui permette son libre épanouissement. Vous savez que toutes ces valeurs dont le culte est commun à l'Orient et à l'Occident, sont l'enjeu de la lutte qui se livre aujourd'hui dans le monde. Comment ne voudriez-vous pas les défendre en même temps que votre pays ?

Devoir des élites

Vous, la Jeunesse intellectuelle du Vietnam, qui seriez les premiers à souffrir des techniques d'avilissement du communisme, vous devez être les premiers à en protéger votre pays. Vous, les privilégiés de la culture, vous devez revendiquer aussi le privilège de la première place au combat. L'immense bonne volonté du peuple vietnamien vous attend, il réclame votre engagement et votre direction, vous n'avez pas le droit de le décevoir. Car rappelez-vous l'affirmation de Confucius : « Mécontenter le peuple, c'est offenser le Ciel. »

Vous pouvez être le sel de cette terre : malheur à vous si le sel s'affaiblit ! Quand un pays est trahi par son élite, il meurt ou il invente une élite nouvelle. Si les enfants de la bourgeoisie ne voulaient pas servir le Vietnam, le Vietnam serait servi et sauvé aujourd'hui et dirigé demain par les fils du peuple. Tant pis alors pour les émigrés et de l'intérieur ou de l'extérieur, tant pis pour les réfugiés de France ou d'ailleurs, tant pis pour ceux qui s'abritent dans leurs richesses, dans leurs études ou dans l'attente. Tant pis pour ceux qui ne trouvent pour répondre à la grande crise de leur pays qu'un surcroît d'esprit critique. Un pays n'est pas fait par des réfugiés, des fugitifs ni des critiques mais par ceux qui répondent à son appel, dans le besoin. Je suis sûr que vous êtes de ceux-là.

Le Vietnam sera ce que vous l'aurez fait

Les jeunes hommes du Vietnam ont aujourd'hui l'honneur et la chance, qu'une noble aventure soit offerte à leur généreuse ambition. Leur patrie, « la terre héritée de leurs pères, les eaux et les collines », il leur appartient de la recréer. Comme un miroir magique où l'on découvre son âme, le Vietnam de demain aura le visage de ce que sa jeunesse aura su aujourd'hui lui donner d'elle-même. Et je dis aux jeunes hommes du Vietnam, ne soyez pas de ces êtres qui ont de grandes ambitions et de petits projets. Osez former le grand dessein de sauver votre pays. Dites-vous ceci : qui sait tout souffrir, peut tout oser. Et gardez pour devise celle de ce palatin qui s'écriait à la Diète de Pologne : « J'aime mieux une liberté dangereuse que la paix dans la servitude. »

« Ici commence le pays de la liberté »

En cette heure solennelle du destin de l'Asie, le geste que l'histoire attend de vous dépasse le cadre de votre pays ; il doit répondre à l'espérance obscure de millions d'êtres prêts à subir le communisme comme une fatalité. De vous dépend que demain des hommes échappés à la terreur de l'Empire du Nord puissent s'écrier aux frontières du Vietnam, comme en 1789 les étrangers qui pénétraient en France : « Ici commence le pays de la Liberté. »

Dans les lycées et les universités du monde, toujours des garçons se sont levés contre l'oppression : les jeunes Allemands de l'université de Berlin, en 1813 contre l'envahisseur français, les jeunes Français après 1940 à Paris, contre l'envahisseur allemand. Ils ont montré qu'Hamlet avait tort : « La science et la conscience ne font pas de nous des lâches. » Aujourd'hui, toute la jeunesse du monde est en marche pour le meilleur et pour le pire. Dans les pays soviétisés, elle est l'avant-garde des forces d'oppression de l'État contre l'individu. Dans les pays libres, elle doit remplir la plus haute des missions : défendre la liberté de l'homme. Et une fois engagée dans ce combat, elle a la récompense d'y découvrir encore de nouvelles raisons de se battre, dans ces valeurs précieuses qui devraient être l'âme de toute cité humaine et que le risque permet d'apprivoiser : la fraternité virile, l'égalité devant le danger et la grandeur, la communion des espérances.

Alors tu seras un homme

Je sens certes trop intimement, moi-même, les souffrances et les sacrifices de la guerre pour en exalter les mérites. Vauvenargues disait : « Il n'y a pas de gloire achevée sans celle des armes. » Mais quelle gloire peut compenser la perte de ce qu'un peuple ou une famille a de plus précieux : la vie de ses enfants ?

Non, la guerre n'est pas bonne en soi ! Elle est une malédiction de la race humaine. Sa valeur est seulement celle de la cause qu'elle sert et des êtres qui s'y réalisent ; elle est parfois l'épreuve nécessaire d'une Nation, elle est souvent l'occasion donnée aux meilleurs de se libérer de toute petitesse, de grandir, de devenir eux-mêmes, de se dépasser eux-mêmes.

Telle est bien la conjoncture d'aujourd'hui au Vietnam. Le destin de votre pays est en jeu et avec lui l'existence même de l'élite que vous êtes et qui n'aurait pas sa place sous un régime communiste.

Devant la menace qui pèse sur ce pays et sur l'univers, comment pourrais-je vous inviter à la joie ? Je n'ai à vous proposer, comme Winston Churchill jadis à l'Angleterre, que « du sang, des sacrifices et des larmes ». Je n'ai à vous offrir que la vie dans sa plénitude, le cœur qui bat pour de grandes choses, l'allégresse du combat, l'honneur de souffrir, la pureté de l'espérance. La vie, voyez-vous, c'est beaucoup plus et c'est beaucoup mieux que la seule joie. Souvenez-vous des paroles sublimes de Goethe :

« Les Dieux infinis donnent tout
À ceux qu'ils aiment, tout.
Toutes les joies, infinies,
Toutes les souffrances, infinies,
Tout. »

L'Appel de la Patrie

Soyez, mes amis, de ces êtres aimés des Dieux, refusez le bonheur des petites âmes manœuvrières qui essaient de profiter de tout et cherchent leur satisfaction à l'abri de leur caste, au milieu du malheur de leur pays. Si vous cherchez la joie, cherchez la joie la plus haute : celle du don de soi, celle du sacrifice pour la patrie, celle de l'effort vers un monde nouveau ; la joie de pouvoir donner à votre tour l'existence au pays qui vous a faits ; la joie de donner l'exemple, la joie de donner confiance, la joie d'être ce qu'il y a de plus noble au monde : un donateur ; la grande joie plus grande que la souffrance, celle d'être quelqu'un et de souffrir pour quelque chose, celle d'être un homme qui devient libre en devenant soi-même au service d'une Cause plus grande que lui.

Le Vietnam sera sauvé par vous

Jeunes hommes de l'élite vietnamienne auxquels je me sens attaché comme à la propre jeunesse de ma terre natale, le moment est venu pour vous de défendre votre pays. Au soleil de l'Indépendance il faut encore de la sueur et du sang pour faire lever la moisson des hommes libres. La jeunesse intellectuelle du Vietnam a aujourd'hui sa place dans cette grande tâche, aux côtés de la jeunesse paysanne. J'ai confiance en vous. Vous êtes l'espoir qui n'a pas failli et qui ne sera pas déçu. Je crois que le monde sera sauvé par quelques-uns. Je crois que le Vietnam sera sauvé par vous.

« Ayez l'ambition que le progrès soit le bien commun »

Charles de Gaulle

Discours prononcé devant la jeunesse allemande, à Ludwigsburg, le 9 septembre 1962.

Quant à vous, je vous félicite ! Je vous félicite, d'abord, d'être jeunes. Il n'est que de voir cette flamme dans vos yeux, d'entendre la vigueur de vos témoignages, de discerner ce que chacun de vous recèle d'ardeur personnelle et ce que votre ensemble représente d'essor collectif, pour savoir que, devant votre élan, la vie n'a qu'à bien se tenir et que l'avenir est à vous. Je vous félicite, ensuite, d'être de jeunes Allemands, c'est-à-dire les enfants d'un grand peuple.

Oui ! D'un grand peuple ! qui parfois, au cours de son Histoire, a commis de grandes fautes et causé de grands malheurs condamnables et condamnés. Mais qui, d'autre part, répandit de par le monde des vagues fécondes de pensée, de science, d'art, de philosophie, enrichit l'univers des produits innombrables de son invention, de sa technique et de son travail, déploya dans les œuvres de la paix et dans les épreuves de la guerre des trésors de courage, de discipline, d'organisation. Sachez que le peuple français n'hésite pas à le reconnaître, lui qui sait ce que c'est qu'entreprendre, faire effort, donner et souffrir. Je vous félicite enfin d'être des jeunes de ce temps. Au moment même où débute votre activité, notre espèce commence une vie nouvelle.

Sous l'impulsion d'une force obscure, en vertu d'on ne sait quelle loi, tout ce qui la concerne dans le domaine matériel se transforme suivant un rythme constamment accéléré. Votre génération voit et, sans doute, continuera de voir se multiplier les résultats combinés des découvertes des savants et de l'agencement des machines qui modifient profondément la condition physique des hommes. Mais le champ nouveau et prodigieux qui s'ouvre ainsi devant vos existences, c'est à ceux qui ont aujourd'hui votre âge qu'il appartient de faire en sorte qu'il devienne la conquête, non de quelques privilégiés, mais de tous nos frères les hommes. Ayez l'ambition que le progrès soit le bien commun, que chacun en ait sa part, qu'il permette d'accroître le beau, le juste et le bon, partout et notamment dans les pays qui, comme les nôtres, font la civilisation, qu'il procure aux milliards d'habitants des régions sous-développées de quoi vaincre à leur tour la faim, la misère, l'ignorance et accéder à une pleine dignité. Mais la vie du monde est dangereuse. Elle l'est d'autant plus que, comme toujours, l'enjeu est moral et social.

Il s'agit de savoir si, à mesure de la transformation du siècle, l'homme deviendra, ou non, un esclave dans la collectivité, s'il sera réduit, ou non, à l'état de rouage engrené à tout instant par une immense termitière ou si, au contraire, il voudra et saura maîtriser et utiliser les progrès de l'ordre matériel pour devenir plus libre, plus digne et meilleur. Voilà la grande querelle de l'univers, celle qui le divise en deux camps, celle qui exige de peuples comme l'Allemagne et comme la France qu'ils pratiquent leur idéal, qu'ils le soutiennent par leur politique et, s'il le fallait, qu'ils le défendent et le fassent vaincre en combattant ! Eh bien ! cette solidarité désormais toute naturelle il nous faut certes, l'organiser. C'est là la tâche des Gouvernements. Mais il nous faut aussi la faire vivre et ce doit être avant tout l'œuvre de la jeunesse. Tandis qu'entre les deux États la coopération économique, politique, culturelle, ira en se développant, puissiez-vous pour votre part, puissent les jeunes Français pour la leur, faire en sorte que tous les milieux de chez vous et de chez nous se rapprochent toujours davantage, se connaissent mieux, se lient plus étroitement ! L'avenir de nos deux pays, la base sur laquelle peut et doit se construire l'union de l'Europe, le plus solide atout de la liberté du monde, c'est l'estime, la confiance, l'amitié mutuelles du peuple français et du peuple allemand.

Traduit de l'allemand par Hermann Kusterer.
Avec l'aimable autorisation de la Fondation Charles de Gaulle.

« Ne sous-estimez pas votre valeur d'exemplarité »

Barack Obama

Discours prononcé par Barack Obama lors de la remise de diplômes à Barnard University, le 14 mai 2012.

Merci beaucoup. (Applaudissements.) Merci. Vous pouvez vous asseoir. Merci. (Applaudissements.)

Je tiens tout d'abord à remercier le président Spar[1], les membres du conseil d'administration, et le président Bollinger[2]. Bonjour à vous, promotion 2012 ! (Applaudissements.) Bravo et merci. C'est un honneur d'être parmi vous en ce grand jour.

Ils sont tellement nombreux à être venus vous témoigner leur fierté – vos parents, vos familles, vos camarades, vos amis –, tous à vos côtés pour partager avec vous ce grand moment. Vous pouvez les applaudir bien fort. (Applaudissements.) Et je m'adresse à toutes les mamans qui sont là aujourd'hui : vous ne pourriez rêver meilleur cadeau de fête des mères que de voir toutes ces jeunes filles recevoir leur diplôme ! (Applaudissements.)

Je dois dire que dès que je me retrouve dans ce genre de situation, je ne peux pas m'empêcher de penser au jour où ce sera au tour de Malia et de Sasha, et les larmes me montent aux yeux (rires), c'est terrible. Je ne sais pas comment vous faites pour vous retenir. (Rires.)

Avant tout, je dois vous avouer quelque chose : moi, je viens de Columbia. (Rires et applaudissements.) Je crois savoir qu'il y a comme une rivalité. (Rires.) Mais c'est malgré tout un grand honneur pour moi de faire ce discours aujourd'hui – quoique la barre ait été placée haut par mes trois « prédécesseuses ». (Applaudissements.) Hillary Clinton (applaudissements), Meryl Streep (applaudissements), Sheryl Sandberg : pas facile de prendre le relais ! (Applaudissements.)

1. Président du Barnard College, à New York, où se déroulent la cérémonie et l'allocution (N.D.T.).
2. Président de la Columbia University, à laquelle est affilée le Barnard College (N.D.T.).

Je ne le dirai jamais assez : Hillary fait un travail fantastique, c'est une des meilleures secrétaires d'État que les États-Unis aient jamais eue. Tous les deux, nous avons remis à Meryl la Médaille nationale des arts. (Applaudissements.) Quant à Sheryl, en plus d'être une amie, elle fait partie de notre comité d'experts économiques. Donc, comme le veut l'adage, ne perdez jamais de vue vos amis, et encore moins vos devancières à Barnard. (Applaudissements.) Ce sont de sages paroles. (Rires.)

Ma remise de diplôme – cet endroit a comme un air de déjà-vu (rires) –, c'était en 1983, l'année où les femmes faisaient leur entrée à Columbia. (Applaudissements.) C'est aussi l'année où on a envoyé la première Américaine dans l'espace, Sally Ride. Mais on ne parlait que de Michael et du *moonwalk*. (Rires.) [Une voix dans le public : « Un *moonwalk* ! » (Rires.)]

Pas de *moonwalk*. (Rires.) Pas aujourd'hui. (Rires.)

On avait des Walkman, les iPods n'existaient pas. Les rues alentour n'étaient pas toutes des plus recommandables. (Rires.) Times Square n'était pas exactement l'endroit rêvé pour se balader en famille. (Rires.) Je sais, tout ça, c'est du passé. Il n'y a rien de pire qu'un orateur qui ressasse ses vieux souvenirs. (Rires.) Mais malgré toutes ces différences, la promotion 1983 vous ressemblait beaucoup. Parce que nous aussi, nous nous apprêtions à faire notre entrée dans le monde à un moment où le pays pansait encore les plaies d'une récession particulièrement sévère. C'était une époque de changements, une époque d'incertitudes, une époque de débats enflammés.

Et vous savez de quoi je parle, parce qu'au moment où vous preniez vos marques sur le campus, une crise économique s'est abattue sur nous, qui dès la fin de votre première année, aura coûté cinq millions d'emplois. Depuis, certains d'entre vous ont sans doute vu leurs parents retarder leur départ à la retraite, des amis ne pas trouver de travail. Et vous devez regarder l'avenir avec les mêmes inquiétudes que celles qui étaient les nôtres au moment où nous étions assis à votre place.

Évidemment, en tant que jeunes femmes, des défis supplémentaires vous attendent. Vous laissera-t-on percevoir le même salaire à travail égal ? Trouver l'équilibre entre travail et vie de famille ? Être seules décisionnaires de votre santé ?

En trente ans, les choses ont bien changé, de plus en plus de portes s'ouvrent aux femmes. Et pourtant, la tâche sera encore plus dure pour vous qu'elle ne l'a été pour nous, et ce à plusieurs titres. La récession a été brutale, les pertes d'emplois drastiques. Le monde politique semble plus cynique que jamais. Le Congrès, plus sclérosé que jamais. Quant au monde de la finance, on ne peut pas dire qu'il n'ait produit que des citoyens modèles. (Rires.)

Ce n'est pas un hasard si la confiance en nos institutions n'a jamais été aussi basse, d'autant que les bonnes nouvelles n'ont plus vraiment la même audience que les mauvaises nouvelles. Tous les jours, vous vous retrouvez pris dans une déferlante sensationnaliste de scandales et de fictions dont le message est que le changement n'est pas possible ; que vous ne pourrez rien y faire ; qu'il y a une fracture irréductible entre la vie telle qu'elle est et la vie telle que vous la rêvez.

Et aujourd'hui, je suis là pour vous dire : détrompez-vous ! Le coup a été rude, mais je suis sûr que vous pouvez frapper un plus grand coup encore. J'ai vu à l'œuvre votre passion, votre engagement. J'ai vu votre force de rassemblement. J'ai vu vos voix amplifiées par votre créativité et par une maîtrise des nouveaux médias qui nous dépasse, nous autres aînés. J'ai vu l'ardeur d'une génération qui brûle d'impatience de se jeter dans les eaux impétueuses de l'histoire pour en changer le cours.

Cet esprit d'audace à qui rien n'est impossible, voilà ce qui coule dans les veines de l'Amérique. C'est la substance même de notre marche en avant. C'est cet esprit que votre génération, que chacune d'entre vous doit faire sien dès aujourd'hui pour entretenir la flamme.

La question, voyez-vous, n'est pas de savoir si les choses vont se décanter – tout finit toujours par se tasser. La question n'est pas de savoir si on a les solutions pour relever les défis qui sont les nôtres – ces solutions, on les connaît depuis un certain temps. On sait, par exemple, que le pays gagnerait à élargir l'accès à une éducation comme celle dont vous avez bénéficié à Barnard (applaudissements), si on formait plus de gens aux compétences actuellement recherchées par les employeurs.

On sait qu'on gagnerait tous à investir dans la science et la technologie de façon à soutenir les créations d'entreprises et les avancées médicales ; qu'on gagnerait tous à développer les énergies propres, de façon à importer moins de pétrole et à réduire les émissions de carbone qui menacent notre planète. (Applaudissements.)

On sait qu'on a tous gagné à voter des lois qui empêchent les banques de faire de mauvais placements avec l'argent des autres (applaudissements), et des lois qui interdisent aux compagnies d'assurance de cesser de vous couvrir au moment où vous en avez le plus besoin, ou qui leur interdisent de faire payer aux femmes plus qu'aux hommes. En fait, on sait qu'on gagne tous à ce que les femmes bénéficient d'une égalité totale de traitement, dans tous les domaines de la vie – que ce soit en termes de salaire ou de santé. (Applaudissements.)

On sait que tout cela est vrai. On sait qu'il est en notre pouvoir de relever les défis qui sont les nôtres. La question, c'est de savoir si on peut unir nos volontés – dans nos vies de tous les jours, dans nos institutions, dans notre politique – pour mettre en pratique les changements dont nous avons besoin. Et je ne doute pas un seul instant que votre génération a cette volonté. Et je crois fermement que les femmes de cette génération, que chacune d'entre vous va aider à montrer la voie. (Applaudissements.)

Bon, je dois reconnaître que c'est une stratégie assez rudimentaire pour récolter les applaudissements d'une assemblée de diplômées de Barnard. (Rires.) C'est facile à dire. Mais ça n'en est pas moins vrai. C'est mathématique. Aujourd'hui, les femmes ne sont plus seulement la moitié numérique de la nation : vous êtes la moitié de ses forces vives. De plus en plus de femmes gagnent plus que leurs maris. Vous représentez plus de la moitié des effectifs universitaires, plus de la moitié des doctorants. (Applaudissements.) Ça y est, vous êtes en supériorité numérique.

Et vous voilà à présent, après des années et des années d'avancées d'abord timides, mais constantes, puis révolutionnaires, vous voilà au seuil d'une ère où les femmes décideront non seulement de leur propre avenir, mais aussi de celui de la nation, de celui du monde entier.

Jusqu'où allez-vous mener le pays, jusqu'où allez-vous mener le monde ? C'est à vous d'en décider. C'est à vous d'en avoir la volonté. Ça ne vous tombera pas du ciel. Parce que c'est l'avenir que je vous souhaite, l'avenir que je souhaite à Malia et à Sasha, et parce que j'ai la chance d'être le mari, le père et le fils de femmes fortes, de femmes formidables, permettez-moi de vous donner quelques conseils. C'est un passage obligé. (Rires.) Merci de votre indulgence.

Mon premier conseil : l'important, ce n'est pas toujours de participer. Battez-vous pour une place à la table des négociations. Mieux, battez-vous pour une place en tête de table. (Applaudissements.)

On entend souvent qu'en démocratie, c'est le citoyen qui a le rôle principal. Il y a deux cent vingt-cinq ans jour pour jour s'ouvrait la Convention de Philadelphie, et ceux qui ont fondé notre pays, tous des citoyens, commençaient à élaborer ce texte extraordinaire qu'est notre Constitution. Mais il avait ses défauts – défauts que la nation a tout fait pour conserver, voire pour accentuer au fil des ans. Les questions de race et de genre sont longtemps restées en suspens. À l'origine, aucune signature féminine – même s'il n'est pas tout à fait exclu que les mères fondatrices aient glissé deux ou trois choses aux oreilles des pères fondateurs. (Applaudissements.) J'en mettrais ma main à couper.

L'avantage avec ce texte, c'est qu'il laissait la possibilité à ceux qui avaient été oubliés de se battre pour y figurer. Il fournissait à chacun les mots nécessaires pour se réclamer des principes et des idéaux démocratiques, et donc pour en élargir la portée. Il laissait une place à la contestation, aux mouvements de toutes sortes, et à la propagation d'idées nouvelles qui inlassablement, de décennie en décennie, allaient changer le monde. Un élan constant qui n'est pas près de s'essouffler.

Ceux qui ont fondé notre pays avaient compris que l'Amérique serait en perpétuelle mutation ; elle n'est pas statique, mais dynamique. Elle ne regarde pas vers le passé, mais vers le futur. Et à présent que des portes ont été ouvertes pour vous, vous avez le devoir d'en franchir le seuil pour saisir ces opportunités.

Et cela, vous devez le faire non seulement pour vous, mais aussi pour toutes celles qui n'ont pas eu les perspectives que vous avez, les perspectives que vous aurez. Et une des raisons pour lesquelles le monde du travail a des politiques passéistes, c'est que les femmes ne représentent que 3 % des P-DG parmi les cinq cents premières entreprises américaines. Une des raisons pour lesquelles nous continuons à nous battre pour les droits des femmes, malgré les victoires sur le papier, c'est qu'il y a moins d'un cinquième de femmes au Congrès.

Bon, je ne dis pas non plus que le seul moyen de s'épanouir est d'occuper un siège de P-DG ou d'avoir un mandat électoral – même s'il faut se rendre à l'évidence, le Congrès se porterait bien mieux si c'était le cas. (Rires et applaudissements.) C'est sûr. Mais si vous décidez de ne pas siéger à la table des négociations, faites en sorte d'avoir votre mot à dire sur ceux qui y seront. C'est vital.

Avant que des femmes comme Barbara Mikulski ou Olympia Snowe siègent au Congrès, pour citer juste un exemple, l'essentiel des recherches médicales financées par l'État avait pour objet le corps masculin. Il a fallu attendre que des femmes comme Patsy Mink et Edith Green soient élues au Congrès et fassent voter l'amendement Title IX, ça fera quarante ans cette année, pour que les femmes aient accès au sport universitaire. (Applaudissements.) Il a fallu attendre qu'une femme nommée Lily Ledbetter arrive un beau jour à son bureau et trouve le courage de dire : « Non, les femmes ne sont pas traitées équitablement » – jusqu'alors, on manquait d'outils juridiques pour mettre en pratique le principe élémentaire du salaire égal à travail égal.

Alors n'acceptez pas que quelqu'un d'autre construise l'ordre des choses. C'est à vous de corriger les manquements. C'est à vous de pointer les injustices. C'est à vous de demander des comptes au système, quitte à le bousculer. C'est à vous de vous lever et de faire entendre votre voix, de publier des tribunes, de monter des groupes de pression, de descendre dans la rue, de vous organiser, d'aller voter. Ne vous contentez pas d'une place de spectatrice.

C'est en s'opposant qu'on fait bouger les choses, car ceux qui font leur pain d'un *statu quo* inique ont toujours compté sur le cynisme ou la complaisance de l'opinion publique. Mais l'histoire de l'Amérique a montré qu'ils finissaient toujours par perdre leur pari, et j'ai la profonde conviction qu'ils vont le perdre cette fois encore. (Applaudissements.) Mais au bout du compte, promotion 2012, cela va dépendre de vous. N'attendez pas que votre voisin ou votre voisine prenne la parole pour faire valoir vos droits. Parce que peut-être qu'ils attendent la même chose de vous.

Ce qui m'amène à mon deuxième conseil. Ne sous-estimez pas votre valeur d'exemplarité. Votre diplôme, vous le devez en premier lieu aux générations précédentes, à vos mères, à vos grands-mères, à vos tantes, qui ont fait voler en éclats le mythe selon lequel vous n'auriez pas votre place ici. (Applaudissements.)

Cela me fait penser à une amie à moi, fille d'immigrés. Au lycée, le conseiller d'orientation lui avait dit : « Tu sais, tu n'es pas faite pour l'université. Tu devrais plutôt songer au secrétariat. » Comme elle était têtue, elle est quand même allée à l'université. Elle est allée jusqu'au master. Puis elle s'est lancée en politique. Un mandat local. Puis un mandat d'État. Puis un siège au Congrès. Et de fil en aiguille, Hilda Solis a bel et bien fini secrétaire (rires) – elle est aujourd'hui secrétaire au Travail des États-Unis d'Amérique. (Applaudissements.)

Imaginez un peu ce que ça représente, pour une jeune Latino-Américaine, de voir un membre du cabinet qui lui ressemble. (Applaudissements.) Imaginez-vous ce que ça représente, pour une jeune fille de l'Iowa, de voir une candidate à la présidentielle qui lui ressemble. Imaginez-vous ce que ça représente, pour une jeune fille marchant dans les rues de Harlem, à deux pas d'ici, de voir un ambassadeur des Nations unies qui lui ressemble. Ne sous-estimez pas votre valeur d'exemplarité.

Ce diplôme vous ouvre des portes, mais n'oubliez pas d'où vous venez : poussez une autre jeune fille vers l'université. Si vous avez un diplôme dans un domaine où on manque de femmes, comme l'informatique ou l'ingénierie (applaudissements), n'oubliez pas d'où vous venez, et poussez une autre étudiante dans cette voie. Quand vous travaillerez dans ces secteurs où on manque de femmes, comme le bâtiment ou les nouvelles technologies, n'oubliez pas d'où vous venez, et engagez du sang neuf. Le mentor, ça sera vous. La figure de référence, ça sera vous.

Pour qu'une fille devienne programmatrice informatique, ou officière d'opération, il faut d'abord qu'elle puisse s'imaginer dans un tel rôle. Il faut d'abord qu'il y ait des femmes qui lui disent : « Oublie tout ce qu'on peut raconter sur la mode et l'apparence (applaudissements), mise tout sur tes études, sur ta créativité, sur ta force de caractère. » Sinon, elle pensera que ce sont les seules choses auxquelles sont censées s'intéresser les filles. Là, Michelle objecterait qu'il n'y a pas non plus de honte à s'occuper aussi un peu de ces choses-là. (Rires.) Vous pouvez avoir la classe et le pouvoir. (Applaudissements.) Ça, c'était le conseil de Michelle.

Et gardez toujours à l'esprit que le meilleur exemple à suivre pour une jeune fille est celui de ses parents. Malia et Sasha seront des femmes exceptionnelles parce que Michelle et Marian

Robinson[1] sont des femmes exceptionnelles. Prenez conscience de votre pouvoir, et faites-en bon usage.

Mon dernier conseil est très simple, mais c'est peut-être le plus important : persévérez. Persévérez. Rien n'est jamais facile. Même les puissants connaissent l'échec. Et il est parfois cuisant. Mais ils s'accrochent. Ils apprennent de leurs erreurs. Ils ne baissent jamais les bras.

Vous savez, le jour où je suis arrivé sur le campus, je n'avais pas beaucoup d'argent, pas beaucoup de perspectives. Mais c'est là que j'ai essayé de trouver ma place dans ce monde. Je savais que je voulais changer les choses, malgré un certain flou quant à la manière dont ça se passerait. (Rires.) Mais je savais que j'avais un rôle à jouer si je voulais rendre le monde meilleur.

Alors même si au sortir des études, j'ai commencé à travailler dans des jobs pas toujours très épanouissants – je vous fais grâce de la liste (rires) –, même si je trimballais mes affaires d'appartement en appartement, j'ai voulu tendre une main. J'ai commencé à faire des courriers à des associations un peu partout dans le pays. Et un jour, un petit groupe de paroisses de South Side, à Chicago, m'a répondu : ils me proposaient de venir travailler dans un quartier dévasté par la crise après la fermeture des usines sidérurgiques.

C'était les gangs qui y faisaient la loi, et le premier projet à mon arrivée a été un meeting avec les dirigeants locaux pour régler ce problème. J'ai passé des semaines entières sur l'organisation. On a convié la police, on a passé des coups de téléphone, on a fait la tournée des églises, on a distribué des flyers. Le soir du meeting, on avait installé des rangées de chaises à perte de vue pour accueillir une foule qu'on attendait nombreuse. Et on l'a attendue, attendue. Finalement, un groupe de personnes âgées est entré dans la salle et est allé s'asseoir. Là, une vieille dame a levé la main et nous a demandé : « C'est bien ici pour le bingo ? » (Rires.) Un fiasco. Personne. Mon premier grand meeting : personne.

Un peu plus tard dans la soirée, les bénévoles avec qui je travaillais m'ont dit : « Ça y est, c'est fini, on jette l'éponge. » Ils faisaient ça depuis deux ans avant que j'arrive, et n'avaient

1. Mère de Michelle Obama.

jamais vu les fruits de leur investissement. Pour être franc, moi aussi j'avais le moral à zéro. Je ne savais pas quoi faire. J'ai songé à démissionner. Et pendant qu'on discutait, j'ai aperçu de l'autre côté de la rue une bande de garçons qui jouaient sur un terrain vague. Ils jetaient des cailloux sur un immeuble abandonné. Ils n'avaient rien d'autre à faire – jeter des cailloux au milieu de la nuit. Et j'ai dit aux bénévoles : « Avant de partir pour de bon, j'ai une question. Qu'est-ce qu'ils vont devenir si vous laissez tomber ? Qui va se battre pour eux si on ne le fait pas ? Qui va leur donner une chance si on s'en va ? »

Et l'un après l'autre, les bénévoles ont décidé de rester. On est retourné dans le quartier et on a travaillé sans relâche. On a inscrit les gens sur les listes électorales, on a monté des programmes de soutien scolaire, on s'est battu pour créer de nouveaux emplois, et on a aidé ces gens à regagner un peu de dignité. On s'est contenté de ces victoires modestes. On n'a pas changé le monde. Beaucoup de ces gens vivent toujours dans une semi-misère. Les gangs n'ont pas disparu. Mais je suis fermement convaincu que ce sont ces petites victoires qui m'ont aidé à remporter les plus grandes victoires de mes trois années à la tête du pays.

J'aimerais pouvoir dire que cette force de caractère est innée. Mais à vrai dire, je l'ai acquise avec le temps, au contact des gens qui m'ont élevé. Et plus précisément, des femmes qui ont contribué à faire de ma vie ce qu'elle est aujourd'hui.

J'ai été élevé par une mère célibataire, qui s'est battue pour finir ses études et joindre les deux bouts. Elle s'est mariée plusieurs fois, a divorcé. Il lui est même arrivé d'aller chercher des coupons d'alimentation auprès des associations caritatives pour nous maintenir à flot. Mais elle n'a jamais baissé les bras. Et elle a fini par l'avoir, son diplôme, et elle a toujours tout fait pour que grâce aux bourses et à un travail acharné, ma sœur et moi marchions un jour dans ses pas. À l'époque où nous vivions à l'étranger, elle me réveillait avant le lever du soleil pour me faire travailler mon anglais. Et dès que je me plaignais, elle me disait : « Écoute mon vieux, pour moi non plus c'est pas une partie de plaisir. » (Rires.) Et finalement, ma mère a choisi de consacrer sa vie à aider les femmes du monde entier à obtenir l'argent dont elles avaient besoin pour réaliser leurs projets – c'était une pionnière du microcrédit. Du coup, elle voyageait souvent, et elle aussi a dû batailler pour concilier famille et carrière. Et quand elle n'était pas à la maison, c'est ma grand-mère qui venait s'occuper de moi.

Ma grand-mère n'est jamais allée au-delà du lycée. Elle travaillait en agence bancaire. Elle s'est heurtée au « plafond de verre », regardant les hommes qu'elle avait formés gravir les échelons et la dépasser un à un dans la hiérarchie. Mais elle n'a pas baissé les bras. Elle aurait pu en concevoir de la rancœur, mais elle a continué à faire son travail du mieux qu'elle pouvait, et elle a fini vice-présidente de la banque. Sans jamais baisser les bras.

Un peu plus tard, j'ai fait la rencontre d'une femme qu'on avait désignée pour m'épauler pendant mon premier job d'été dans un cabinet d'avocats. Elle a été de si bon conseil que je l'ai épousée. (Rires.) Et Michelle et moi, nous avons tout fait pour trouver un équilibre entre nos carrières et notre famille. Mais il faut bien dire que, tout progressiste que je sois, c'est plutôt moi qui me reposais sur elle chaque fois que je partais en déplacement. Je sais que quand elle était avec nos filles, elle culpabilisait de ne pas consacrer assez de temps à son travail, et quand elle travaillait, elle culpabilisait de ne pas consacrer assez de temps à ses filles. Nous aurions tellement voulu tous les deux avoir un super pouvoir qui nous permette d'être à deux endroits à la fois. Mais on a persisté. On a tout fait pour que notre mariage fonctionne.

Et si Michelle a eu la force de jongler avec tout ça, d'être là pour moi, d'accepter la lumière des projecteurs, c'est parce qu'elle aussi vient d'une famille de battants. Parce qu'elle a vu son père, qui n'a jamais pu finir ses études, se lever tous les matins malgré sa sclérose en plaques. Parce qu'elle a vu sa mère, qui n'a jamais pu finir ses études, se lever tous les matins pour l'amener à l'école, s'assurant que Michelle et son frère recevaient l'éducation qu'ils méritaient. Michelle a vu ses parents s'accrocher. Ils ne se sont jamais apitoyés sur leur sort, malgré tout ce qui leur tombait dessus. Et n'ont jamais baissé les bras.

Voilà les gens qui inspirent mon action. Parfois, on me demande : « Qui admirez-vous, monsieur le président ? » Ces héros silencieux, partout dans le pays – certains sont vos parents, vos grands-parents, présents aujourd'hui à vos côtés. Ils n'ont pas leur photo dans les journaux, mais à leur manière, en toute discrétion, ils se battent. Ils font simplement leur travail. Ils assument leurs responsabilités. Ils ne baissent jamais les bras. C'est grâce à eux que je suis là. Ils n'ont peut-être jamais eu l'intention de changer le monde, mais à leur échelle, ils l'ont fait. En tout cas ils ont changé ma vie.

Alors quoi que vous fassiez, monter votre entreprise, vous lancer en politique, ou fonder une famille, n'oubliez jamais ceci : marquer le monde de votre empreinte ne sera pas facile. Il faudra être patiente. Il faudra donner de sa personne. Il y aura des revers, il y aura des échecs.

Mais dès que vous sentirez poindre ce cynisme sournois, dès que vous entendrez des voix dire que vous ne pourrez rien changer, dès que quelqu'un vous conseillera de revoir vos ambitions à la baisse, pensez à l'histoire de votre pays. Les anciennes générations sont là pour vous donner espoir. Ce que les autres ont réalisé avant vous est là pour vous donner espoir. Ce qu'ont fait les jeunes en descendant dans la rue, en marchant, en se levant ou en s'asseyant, de Seneca Falls[1] à Stonewall[2] en passant par Selma[3], ils ne l'ont pas fait juste pour eux : ils l'ont aussi fait pour les autres. (Applaudissements.)

C'est comme ça qu'on a fait progresser les droits des femmes. C'est comme ça qu'on a fait progresser le suffrage universel. C'est comme ça qu'on a fait progresser le droit du travail. C'est comme ça qu'on a fait progresser les droits des gays. (Applaudissements.) C'est comme ça qu'on a fait une Union plus parfaite. (Applaudissements.)

Et si à présent, vous avez la volonté d'apporter votre pierre à l'édifice, si maintenant vous avez la volonté de toucher le ciel et de faire franchir à l'Amérique telle qu'elle est le fossé la séparant de ce qu'elle devrait être, je veux que vous sachiez que vous pourrez compter sur moi. (Applaudissements.) Si vous êtes prêtes à vous battre pour cette idée fabuleuse et pourtant si simple qu'en Amérique, qui que vous soyez, quelle que soit votre

1. La Convention de Seneca Falls (1848) fut la première convention pour les droits des femmes sur le sol américain (N.D.T.).
2. Le Stonewall Inn est un bar de Greenwich Village, point de départ des émeutes dites de Stonewall, en 1969, qui marquèrent le début du mouvement contre la discrimination des homosexuels (N.D.T.).
3. Ville de l'Alabama d'où partirent en 1965 trois marches pour les droits civiques (N.D.T.).

apparence, quelles que soient vos orientations amoureuses ou religieuses, vous avez le droit au bonheur, alors je serai là, à vos côtés, à chaque étape de votre chemin. (Applaudissements.)

Et aujourd'hui plus que jamais, aujourd'hui plus que jamais, l'Amérique a besoin de vous, promotion 2012, de vous et de ce que vous avez à lui offrir, l'Amérique a besoin de vos rêves et de vos espoirs. Et si vous vous battez pour avoir une place à la table des négociations, et si vous faites de votre action un exemple pour autrui, et si vous persévérez dans ce que vous décidez de faire de votre vie : alors, je le sais au plus profond de moi, non seulement vous réussirez, mais grâce à vous, notre nation continuera d'être une référence pour les hommes et les femmes, les garçons et les filles, sous chaque latitude du globe.

Alors merci à vous. Bravo. (Applaudissements.) Dieu vous bénisse. Dieu bénisse les États-Unis d'Amérique.

Traduit de l'américain par Hélène Florea

« Soyez insatiables. Soyez fous »

Steve Jobs

Texte issu du discours prononcé par Steve Jobs, P-DG d'Apple et de Pixar, à la cérémonie de remise de diplômes de Stanford le 12 juin 2005.

C'est un honneur pour moi d'être parmi vous aujourd'hui, dans une des universités les plus prestigieuses du monde, pour votre remise des diplômes. Pour être tout à fait franc, c'est ma première fois, car je n'ai moi-même pas de diplôme. Aujourd'hui, je vais vous raconter trois histoires, trois tranches de vie. C'est tout. Pas de grand discours. Juste trois histoires.

La morale de la première histoire, c'est que tout se recoupe.

J'ai laissé tomber mes études au Reed College de Portland au bout de six mois, mais j'ai continué à traîner sur le campus pendant un an et demi encore avant de partir pour de bon. Vous devez vous demander comment j'en suis arrivé là.

Il faut remonter à ma naissance, et même avant. Ma mère biologique était jeune, finissait ses études, et n'était pas mariée : elle a décidé de me faire adopter. Elle tenait absolument à me confier à des gens qui avaient fait des études, et m'a trouvé un avocat : tout avait été prévu pour que lui et sa femme m'adoptent à la naissance. Seulement, le moment venu, ils ont décidé qu'ils voulaient une fille. Du coup, mes parents, qui étaient sur liste d'attente, ont reçu un coup de fil au milieu de la nuit : « On a un petit garçon de dernière minute, ça vous intéresse ? » Et ils ont dit : « Bien sûr. » Peu de temps après, ma mère biologique a appris que ma mère n'avait pas fait d'études et que mon père n'avait pas fini le lycée : elle a refusé de signer les papiers pour finaliser l'adoption. Elle n'a cédé que quelques mois plus tard, quand mes parents lui ont promis qu'un jour j'irais à l'université.

Et dix-sept ans plus tard, me voilà à l'université. Mais dans ma grande naïveté, j'avais choisi une université presque aussi chère que Stanford, et toutes les économies de mes parents allaient y passer. Au bout de six mois, j'ai décidé que ça n'en valait pas la peine. Je n'avais aucune idée de ce que je voulais faire de ma vie, et je voyais encore moins comment les études pourraient y remédier. Et j'étais là, à dépenser les économies de toute une vie. Alors j'ai décidé de tout plaquer, en me disant que tout finirait par s'arranger. En fait, je sautais dans le vide, mais avec le recul, c'est une des meilleures décisions que j'ai jamais prise. À la seconde où j'ai laissé tomber, j'ai pu changer les cours inutiles pour ceux qui avaient l'air intéressants.

Tout n'était pas rose. Je n'avais pas de chambre et dormais par terre chez des amis, je ramassais les bouteilles de Coca consignées 5 cents pour m'acheter à manger, et tous les dimanches soir, je faisais 10 kilomètres à pied pour faire mon seul vrai repas de la semaine au temple des Hare Krishna. J'adorais ça. Et tout – ou presque tout – ce que j'ai découvert rien qu'en suivant mon intuition et ma curiosité s'est avéré précieux par la suite. Je vais vous donner tout de suite un exemple.

À l'époque, mon université offrait ce qui était sans doute les meilleurs cours de calligraphie du pays. Sur le campus, tout était magnifiquement calligraphié, des affiches aux étiquettes des tiroirs. Puisque plus rien ne m'obligeait à assister aux cours normaux, j'ai décidé d'aller aux cours de calligraphie pour apprendre un peu. J'ai appris tous les secrets des polices de caractères, les empattements, l'espacement, tout ce qui fait la beauté de la typographie. C'est un art subtil et chargé d'histoire, d'une beauté qui échappe à la science. J'étais fasciné.

Rien de tout ça n'était censé avoir d'application pratique dans ma vie. Et pourtant, dix ans plus tard, au moment de concevoir le premier Macintosh, ça m'est revenu. Et on l'a transposé sur le Mac. C'était le premier ordinateur à se soucier réellement de typographie. Si je n'avais pas été à ce cours, le Mac n'aurait jamais eu toutes ces polices si bien proportionnées. Et comme Windows a tout bonnement copié le Mac, il y a fort à parier que les PC auraient eux aussi fait l'impasse dessus. Si je n'avais pas laissé tomber les études, je n'aurais jamais atterri dans ce cours de calligraphie, et peut-être que les PC n'auraient jamais eu cette richesse typographique. Évidemment, il n'y avait aucun moyen de deviner que tout finirait par se recouper, mais avec dix ans de recul, c'était devenu limpide.

Je le répète : on ne peut pas connecter les fils à l'avance, on ne le voit que rétrospectivement. La seule solution est d'avoir confiance en l'avenir : d'une manière ou d'une autre, les connexions se feront à un moment donné. Vous devez croire en quelque chose : en vous-même, en votre instinct, en votre destin, en votre karma, en la vie, peu importe le nom. Cette pensée ne m'a jamais quitté, et ça a changé ma vie.

La deuxième histoire est une histoire d'amour à rebondissements.

J'ai de la chance : j'ai trouvé ce que j'aimais tôt dans la vie. J'ai lancé Apple dans le garage de mes parents, avec Woz[1], à 20 ans. On a travaillé dur, et en dix ans, Apple est passé de nous deux et du garage de mes parents à 4 000 employés et 2 milliards de dollars. Je venais d'avoir 30 ans, on avait sorti notre plus belle création, le Macintosh, un an plus tôt. Et là, je me suis fait virer. Comment est-ce qu'on peut se faire virer d'une entreprise qu'on a montée de ses propres mains ? Eh bien, comme Apple s'agrandissait, on a engagé quelqu'un qui avait les compétences et le talent nécessaires pour m'aider à diriger l'entreprise, et pendant un an et quelques, tout s'est très bien passé. Et puis nos vues ont commencé à diverger, et on a fini par se brouiller. Et le conseil d'administration a pris son parti. Bref, à 30 ans, j'étais sur le carreau. Et le monde entier le savait. J'avais perdu tout ce qui avait donné un sens à ma vie d'adulte.

Les premiers mois, je ne savais pas quoi faire. J'avais le sentiment d'avoir trahi l'ancienne génération d'entrepreneurs en laissant échapper le témoin qu'on me passait. J'ai rencontré David Packard[2] et Bob Noyce[3] pour m'excuser d'avoir tout fait foirer. Je m'étais planté en beauté, au point de penser fuir la Silicon Valley. Mais peu à peu, une certitude s'est faite en moi : j'aimais toujours ça. Et la tournure qu'avaient prise les événements chez Apple n'y avait rien changé. Je m'étais fait larguer, mais j'étais toujours amoureux. Alors j'ai décidé de prendre un nouveau départ.

Je ne l'ai pas vu sur le moment, mais finalement, avoir été mis à la porte est la meilleure chose qui aurait pu m'arriver. Débarrassé du poids du succès, j'ai retrouvé l'insouciance du débutant, j'ai oublié mes belles certitudes. Ça m'a libéré et je suis entré dans l'une des périodes les plus fécondes de ma vie.

1. Steve Wozniak, cofondateur d'Apple.
2. Cofondateur de Hewlett-Packard.
3. Cofondateur d'Intel.

En cinq ans, j'ai créé une première entreprise, NeXT, puis une deuxième, Pixar, et je suis tombé amoureux d'une femme extraordinaire que j'ai fini par épouser. Pixar a sorti le premier long-métrage d'animation numérique, *Toy Story*, et c'est aujourd'hui le premier studio d'animation du monde. Les choses ont si bien tourné qu'Apple a racheté NeXT : j'ai réintégré Apple avec les technologies que nous avions développées chez NeXT, qui ont été la clef de la renaissance d'Apple. Et Laurene et moi avons fondé une belle famille.

Je suis à peu près sûr que rien de tout ça ne serait arrivé si je n'avais pas été mis à la porte d'Apple. La pilule a été dure à avaler, mais il faut croire que c'était un mal pour un bien. Parfois, la vie vous réserve de sacrés coups durs. Ne perdez pas la foi. Je suis persuadé que si j'ai continué à aller de l'avant, c'est parce que j'aimais ce que je faisais. Trouvez ce que vous aimez ! C'est aussi valable en travail qu'en amour. Le travail va occuper une grande partie de votre vie, et le seul moyen de s'épanouir vraiment est de penser qu'on fait du bon travail. Et le seul moyen de faire du bon travail, c'est d'aimer ça. Si vous n'avez pas encore trouvé, continuez à chercher. Ne vous asseyez pas sur le bas-côté. C'est comme en amour : quand vous trouverez, vous le saurez. Et plus les années passent, mieux c'est. Alors continuez à chercher tant que vous n'aurez pas trouvé. Continuez à avancer.

La troisième histoire parle de la mort.

Quand j'avais 17 ans, j'ai lu une citation qui disait à peu près : « En vivant chaque jour comme si c'était le dernier, on est sûr de finir par avoir raison. » Ça m'a fait réfléchir, et depuis trente-trois ans, tous les matins, je me regarde dans le miroir et je me dis : « Si c'était le dernier jour de ta vie, est-ce que tu ferais ce que tu as prévu de faire aujourd'hui ? » Et si la réponse est « non » pendant trop longtemps, là je sais qu'il faut que je fasse quelque chose.

Savoir que je ne serai bientôt plus là m'a toujours aidé à prendre les grandes décisions de ma vie. Parce que presque tout, nos attentes, nos vanités, nos pudeurs, nos peurs de l'échec – tout ça ne pèse rien face à la mort, il ne reste plus que ce qui compte vraiment. Vous rappeler que vous êtes mortel est le meilleur moyen d'échapper au piège d'avoir quelque chose à perdre. Vous êtes déjà nu. Il n'y a aucune raison de ne pas suivre votre cœur.

Il y a un an, j'ai appris que j'avais un cancer. Un matin, j'ai passé un scanner, il était 7 h 30, et on voyait très nettement une tumeur sur le pancréas. Je ne savais même pas à quoi servait un pancréas. Les médecins m'ont dit qu'il y avait toutes les chances pour que ce cancer soit incurable, et qu'il me restait trois à six mois. Mon docteur m'a conseillé de rentrer chez moi et de mettre de l'ordre dans mes affaires, ce qui en langage médical consiste à préparer le patient à mourir. Autrement dit : en quelques mois, dire à ses enfants ce qu'on avait prévu de leur dire lors les dix prochaines années. Autrement dit : faire en sorte que tout se passe au mieux pour sa famille. Autrement dit : faire ses adieux.

Le diagnostic m'a hanté toute la journée. Ce soir-là, j'avais une biopsie, on a descendu un tube dans ma gorge, puis dans mon estomac, puis dans mes intestins, on m'a mis une aiguille dans le pancréas et on a prélevé quelques cellules sur la tumeur. J'étais sous anesthésie, mais ma femme, qui était là, m'a raconté qu'au moment où ils se sont penchés sur le microscope, les médecins se sont mis à pleurer, parce que finalement, c'était une forme très rare de cancer qu'on peut traiter par chirurgie. On m'a opéré, et je vais bien.

J'ai entrevu la mort, et j'espère bien ne plus la revoir d'ici pas mal d'années. Après avoir traversé ça, je peux vous le dire avec un peu plus de certitude qu'à l'époque où la mort n'était qu'un vague concept : personne ne veut mourir. Même les gens qui veulent aller au paradis n'ont pas envie de mourir pour y arriver. Et pourtant, la mort est notre destination à tous. Personne n'y échappe. Et tant mieux, parce que la mort est sans doute ce que la vie a inventé de mieux. Elle fait changer la vie. Elle efface l'ancien et laisse place au neuf. Aujourd'hui, le neuf, c'est vous, mais un jour, et dans moins longtemps que vous ne le pensez, vous aurez vieilli, vous devrez céder la place. Désolé pour les accents tragiques, mais c'est la vérité.

Votre temps est compté, alors ne le gâchez pas à vivre une vie qui ne serait pas la vôtre. Ne vous laissez pas enfermer dans le dogme, ne laissez pas les idées d'autrui diriger votre vie. Ne laissez pas les cris des autres couvrir votre voix intérieure. Et surtout, surtout : ayez le courage de suivre votre cœur, ayez le courage de suivre votre intuition. Eux savent déjà ce à quoi vous aspirez. Tout le reste est secondaire.

Quand j'étais jeune, il y avait une chose formidable qui s'appelait *The Whole Earth Catalog*, une vraie bible pour ma génération.

Ça avait été créé par un type qui s'appelait Stewart Brand, à deux pas d'ici, à Menlo Park, et il y avait un côté très bohème. C'était à la fin des années 1960, avant les PC et la PAO, du coup c'était fait à la machine à écrire, aux ciseaux et au Polaroid. C'était un genre de Google, mais avec des pages en papier et trente-cinq ans d'avance : c'était idéaliste, ça débordait de système D et d'idées géniales.

Stewart et son équipe ont publié quelques numéros du *Whole Earth Catalog*, et le moment venu, ils ont sorti un dernier numéro. C'était au milieu des années 1970, j'avais votre âge. Sur la quatrième de couverture, on voyait le soleil se lever sur une route au milieu de nulle part. Le genre de route où on se retrouve à faire du stop quand on part à l'aventure. Et en dessous, on pouvait lire : « Sois insatiable. Sois fou. » C'était le mot de la fin. Sois insatiable. Sois fou. Et c'est ce que je me suis toujours souhaité. Et maintenant que vous, vous prenez votre envol, votre diplôme sous le bras, c'est tout ce que je vous souhaite.

Soyez insatiables. Soyez fous.

Un très grand merci à tous.

Traduit de l'américain par Hélène Florea

Florilège

« La jeunesse est un temps pendant lequel les conventions sont, et doivent être, mal comprises : ou aveuglément combattues, ou aveuglément obéies. On ne peut pas concevoir, dans les commencements de la vie réfléchie, que seules les décisions arbitraires permettent à l'homme de fonder quoi que ce soit : langage, sociétés, connaissances, œuvres de l'art. »

Paul VALÉRY

« "L'Avenir" est la parcelle plus sensible de l'instant. »

Paul VALÉRY

« Jeunesse. L'âge du possible. »

Ambrose BIERCE

« La jeunesse, c'est la passion pour l'inutile. »

Jean GIONO

« La jeunesse n'aime pas les vaincus. »

Simone DE BEAUVOIR

« À vingt ans, on est plus amoureux qu'autre chose ; à soixante on est plus autre chose qu'amoureux. »

Victor HUGO

« Le matin, c'est la jeunesse du jour. Tout y est gai, frais et facile. Il ne faut pas l'abréger en se levant tard. »

Arthur SCHOPENHAUER

« La jeunesse est cet heureux temps où l'on devrait plutôt dire qu'on ne doute de rien plutôt que de dire qu'on n'y doute pas de soi. »

Marcel PROUST

« La jeunesse est un art. »

Oscar WILDE

« Pour retrouver sa jeunesse, il n'y a qu'à recommencer ses folies. »

Oscar WILDE

« La jeunesse, c'est quand on ne sait pas ce qui va arriver. »

Henri MICHAUX

« Cherche la vérité tant que tu es jeune, parce que si tu ne le fais pas, ensuite elle t'échappera des mains. »

PLATON

« Ce que jeunesse désire, vieillesse l'a en abondance. »

GOETHE

« On ne devient pas vieux pour avoir vécu un certain nombre d'années ; on devient vieux parce qu'on a déserté son idéal. »

Samuel ULLMAN

« La jeunesse qui se borne au logis a toujours l'esprit borné. »

William SHAKESPEARE

« La jeunesse est une ivresse continuelle ; c'est la fièvre de la raison. »

LA ROCHEFOUCAULD

« La jeunesse est une ivresse sans vin et la vieillesse un vin sans ivresse. »

Proverbe allemand

Achevé d'imprimer en Italie par Grafica Veneta
en mai 2017
Dépôt légal décembre 2015
EAN 9782290120613
OTP L21ELLN000717A003

—

Ce texte est composé en Lemonde journal et en Akkurat

—

Conception des principes de mise en page :
mecano, Laurent Batard

—

Composition : PCA

—

ÉDITIONS J'AI LU
87, quai Panhard-et-Levassor, 75013 Paris
Diffusion France et étranger : Flammarion

Librio

1168